I0759958

Francisco de Rojas Zorrilla

La más hidalga hermosura

Barcelona 2024
Linkgua-ediciones.com

Créditos

Título original: La más hidalga hermosura.

e-mail: info@linkgua.com

Diseño de cubierta: Michel Mallard.

ISBN tapa dura: 978-84-9953-621-7.
ISBN rústica: 978-84-9816-226-4.
ISBN ebook: 978-84-9897-771-4.

Sumario

Brevísima presentación

La vida

Francisco de Rojas Zorrilla (Toledo, 1607-Madrid, 1648). España.

Hijo de un militar toledano de origen judío, nació el 4 de octubre de 1607. Estudió en Salamanca y luego se trasladó a Madrid, donde vivió el resto de su vida. Fue uno de los poetas preferidos de la corte de Felipe IV. En 1645 obtuvo, por intervención del rey, el hábito de Santiago.

Empezó a escribir en 1632, junto a Pérez Montalbán y Calderón de la Barca, la tragedia El monstruo de la fortuna. Más tarde colaboró también con Vélez de Guevara, Mira de Amescua y otros autores.

Felipe IV protegió a Rojas y pronto las comedias de éste fueron a palacio; su sátira contra sus colegas fue tan dura al parecer que alguno de los ofendidos o algún matón a sueldo le dio varias cuchilladas que casi lo matan. En 1640, y para el estreno de un nuevo teatro construido con todo lujo, compuso por encargo la comedia *Los bandos de Verona*. El monarca, satisfecho con el dramaturgo, se empeñó en concederle el hábito de Santiago: las primeras informaciones no probaron ni su hidalguía ni su limpieza de sangre, antes bien, la empañaron; pero una segunda investigación que tuvo por escribano a Quevedo, mereció el placer y fue confirmado en el hábito (1643). En 1644, desolado el monarca por la muerte de su esposa Isabel de Borbón y poco más tarde por la de su hijo, ordenó clausurar los tablados, que no se abrirán ya en vida de Rojas Zorrilla, muerto en Madrid el 23 de enero de 1648.

Personajes

El conde Fernán González
García Fernández, su sobrino
García, rey de Navarra
Teresa, reina de León
Albar Ramírez
Ramiro, rey de León
Nuño, lacayo
Doña Sancha, infanta
Violante, dama
Ortuño, viejo
Flora, criada
Octavio
Soldados
Músicos
Acompañamiento

Jornada primera

(Tocan cajas, y salen por dos puertas el Rey, la Reina y acompañamiento.)

Rey — Este cavado metal
que al aire anima sonoro,

Reina — Este parche que es del viento
escándalo numeroso,

Rey — Este gusto...

Reina — Esta inquietud...

Rey — Son, Señora...

Reina — Son, Señor...

Rey — Señas.

Reina — Pregones dichosos,

Rey — De que a León ha llegado

Reina — Entre marciales despojos,

Rey — El conde Fernán González.

Reina — De Navarra victorioso.

Rey — Yo os doy muchos parabienes.

Reina — Yo, Ramiro, os doy los propios.

(Tocan una sordina.)

Rey — Mas, ¡válgame Dios! ¿Qué escucho?

Reina — Mas, ¡cielos! ¿Qué es lo que oigo?

Rey — ¡Destemplado el atambor!

Reina — ¡El ya alegre clarín ronco!

Rey — Suenan como que suspiran.

Reina — Hablan como con sollozos.

Rey — ¿Quién de tan grande mudanza...

Reina — la causa dirá?

(Sale Violante.)

Violante — Yo solo
podré decir, que al llegar
a la vista de este heroico
palacio Fernán González,
las escuadras que de adorno
venían sirviendo a sus triunfos,
como con un alma todos,
las cuchillas de las picas
que arrimaban a sus hombros
hacia el suelo las volvieron;
y las banderas que al soplo
del céfiro eran tendidas
vagos jardines hermosos,
recogidas a sus astas

desde el limpio acero al plomo,
las que entraban como galas
ocupaban como estorbo.
Mas ya él llega y explicaros
podrá la causa que ignoro.

(Tocan a marchar.)

(Salen soldados. García Fernández, Albar Ramírez, Nuño y el Conde.)

Conde — Deme vuestra majestad
su real mano.

Rey — Generoso
Conde de Castilla, el suelo
no os merece a vos; más propio
descanso serán mis brazos.

Conde — Ya la mayor dicha logro:
Vuestra majestad, Señora,
por el más felice abono
de mis servicios, permita
que bese el suelo dichoso
que pisa.

Reina — A tan gran soldado
ese es galardón muy poco;
no estéis así.

Conde — De mis dichas
ésta es la mayor que toco.

Rey — Sacadnos ahora de una
duda que nos tiene absortos;

¿Por qué cajas y clarines
habiendo entrado sonoros,
al llegar a mi palacio
hicieron son lastimoso?

Conde

El principio fue, Señor,
cumplir con vos, y lo otro
con la Reina, mi Señora,
a quien tengo por forzoso
que aflija.

Reina

No prosigáis,
que aunque venís victorioso
de las armas de mi padre,
y aunque de Navarra el solio
fue el primer sitio que tuvo
la cuna de mi reposo,
en mi pecho eso no puede
causar el menor estorbo.
Que el pariente más cercano
de las reinas es su esposo,
y solo son naturales
del suelo, aunque sea remoto
donde reinan sus maridos
y a quien dan leyes gloriosos.
Esto es en cuanto a reina;
en cuanto a esposa, me corro
de que presumáis que estamos
tan distintos, que en nosotros
quepa el número de dos,
que es entre amantes odioso.
Uno somos, porque yo
en Ramiro me transformo;
Él se ha de holgar de que el cielo

da a sus dichas estos colmos;
pues mirad cómo podré
no tener el mismo gozo.

Conde — Supuesto, pues, que mi voz
no tiene ya aqueste estorbo,
este fue todo el suceso.

Rey — Referidlo.

Conde — Es deste modo:
llegó la hora fatal
de verse los numerosos
campos de León y Navarra
vertiendo horrores y asombros.
Dos colinas ocuparon
el uno enfrente del otro,
que con la luz de las armas
eran de diamante escollos.
Estaba la infantería
del cerro en lo más fragoso,
con las picas arboladas,
cuyos aceros lustrosos
como tan altos se veían,
imaginaron los ojos
que se habían encendido
en el Sol de llamas golfo.
Los caballos ocupaban
el sitio más espacioso,
llenos de arrogancia el pecho
y el ademán de alborozo.
Mas ¿qué mucho que los hombres
mostrasen valor heroico,
cuando los mismos caballos,

mal hallados en el ocio,
se abrasaban de tal suerte,
se encendieron de tal modo,
que pedazos parecían
de aquellos cuerpos briosos?
Empezaron a bajar
los dos campos poco a poco
de los sitios eminentes,
y fue haciéndose más corto
el espacio, que entre ellos
florido estaba y lustroso.
Pero así como el valor,
generosamente loco
y pródigo de la vida,
se miró sin los estorbos
de la distancia, se mueve
colérico y presuroso;
más quien embistió primero
con los navarros fue el polvo.
Ya un escuadrón se dispara
contra el batallón, que pronto
sale a recibir valiente
los golpes impetuosos.
Nubes de embotado hierro,
y el hueco del aire es poco
para las astas que suben
a sus regiones en trozos.
Muchos brazos logran muertes,
muchos de puro ingeniosos
malbaratan las heridas
no topando objeto propio.
Cadáveres aun no fríos
cubren el suelo, ya rojo
con su sangre, de tal suerte,

que los arpones que el corvo
arco disparó enemigo
con estallido espantoso,
no halla tierra en qué caer;
y crueles de muchos modos,
si no dan la muerte a un vivo,
son de un muerto vivo enojo.
Los cabos allí no mandan,
el consejo andaba ocioso,
todo lo hace el acaso,
todo a mi voz está sordo,
la fortuna lo guiaba
y yo lo miraba todo.
Viendo, pues, mi autoridad
baldía, y que allí supongo
por un soldado no más,
el noble bastón arrojo,
y para servir de algo
una gruesa lanza tomo.
Llego al primero que encuentro
y el duro peto le rompo,
y por la herida su alma
halló fácil desahogo.
A muchos les di la muerte,
y entrándome por un soto,
de espaldas vi un caballero
que cerca de un blanco chopo
pareció que descansaba
de los marciales ahogos;
pero apenas escuchó
el pisar fuerte y ruidoso
de mi caballo en la sangre
de que en el campo había arroyos,
cuando a mí volvió erizado

como león generoso
a quien la luz de las armas
dio de repente en los ojos.
En los arzones se afirma
de la cuja saca el corto
pie de la lanza, y la rienda
dispone al choque furioso.
Apercíbese al encuentro,
y como fieros abortos
que dentro de sus entrañas
guarda fuego escandaloso,
uno con otro embestimos
y a un tiempo vimos en trozos
divididas nuestras lanzas;
mas de la mía espantoso
se asomaba el primer tercio
al arnés templado roto
de mi enemigo a la espalda,
vertiendo sobre los lomos
del caballo tanta sangre,
que el que pareció en los tornos
hecho de plata bruñida,
fue bermellón espumoso;
mas no por eso la vida
y el valor lo dejan solo,
que vengativa su diestra
halló de la espada el pomo.
Sacamos las dos cuchillas
y al certamen riguroso
volvimos, y él esperando
con menos tino que enojo,
daba los golpes al aire,
que con ayes lastimosos
tiernamente se quejaba

a las flores, que en contorno
a nuestros valientes brazos
eran teatro oloroso.
Ambos iban ya cayendo;
pero el caballo oficioso
procuraba atentamente
el no caer de tal modo
que lastimase a su dueño,
como suele galán olmo
a quien bella vid le abraza,
que desjarretado el tronco
cae con cortés atención
de no ofender los pimpollos
de aquella planta, a quien debe
cariños afectuosos.
Así el bruto agradecido
procuraba cuidadoso
el no ofender a su dueño;
y, en fin, el uno y el otro
en el lamentable campo
quedaron rostro con rostro.
Llegó a este tiempo un soldado
infante, que codicioso
del rendido, se entregó
del cadáver al despojo.
Diligente la visera
le quitó, cuando conozco
que es Sancho, rey de Navarra,
el muerto.

Reina ¡Cielos! ¿Qué oigo?
¿Mi padre murió? ¡Mal haya
la victoria, pues la compro
con el precio de una vida

que era la luz de mis ojos!
¡Mal haya, amén, el acero
que soberbio y licencioso
se atrevió a verter la sangre
que aun va derramada adoro!
Nunca el Conde de Castilla
el bastón impetuoso
empuñara; mas ¿qué es esto?
¿Cómo la gloria interrumpo
de mi esposo con gemidos
y la estrago con sollozos?
Vuestra majestad perdone,
que es este afecto tan propio
que dél no pude librarme,
y crea que no hay soborno
para mí como sus dichas.

Rey

Yo, Señora, ni me enojo
ni me admiro de ese llanto,
que por un padre es forzoso,
antes por su muerte yo
secretas lágrimas lloro.

Reina
(Aparte.)

Yo os lo estimo como debo.
(¡Ah traidor Conde alevoso!
¡Qué bien lograste el veneno
de tu envejecido odio!
Mas yo tomaré venganza
aunque lo impida mi esposo.)
Decid, Conde, lo que resta;
hablad.

Conde

Lo que resta es solo
que triunfaron de Navarra

las armas de vuestro esposo.

Rey

Yo me doy por bien servido,
Fernán González, y pongo
por primero en mis cuidados
el que no quedéis quejoso.

(Vase.)

Reina

Conde, aunque muestro dolor
y aunque la desdicha lloro
de mi padre, sé que os debe
esta corona que gozo
mucho; yo os lo premiaré.

(Aparte.)

(Tú veras cómo dispongo
el castigo que merecen
de mi sangre los oprobios.)

(Vase.)

Violante

¿Conde?

Conde

¿Qué mandas?

Violante

Aquí,
aunque mirándome estén,
te he de dar un parabién;
dame tú un pésame a mí.

Conde

¿De qué, Violante divina?

Violante

De que de la Reina dama
ya no soy, porque me llama
mi padre, que determina

que a Pamplona vaya luego
a servir de camarera
a la Infanta, y ya me hubiera
partido, si aqueste fuego,
si aquestas mis penas bravas
del amor que te he tenido,
no me hubieran detenido
aguardando a que llegaras;
ya te he visto, y ya ha llegado
de no verte más el día.

Conde — Esa pena ha de ser mía
pues yo soy el desdichado.
(Aparte.) (Yo quiero fingir ahora
con esta, pues se ha de ir
mas a la que va a servir
es la que mi pecho adora.)
Y cree, que en pena tanta
desde hoy tendré con razón
en Navarra el corazón
(Aparte.) (Pero ha de ser en la Infanta);
y pues lo quiere mi estrella,
en desapacible calma
en Pamplona tendré el alma.
(Aparte.) (A los pies de Sancha bella.)

Violante — Fiada en eso, a tus pies
te he de pedir un favor,
y es, que creas que es mi amor
lo que yo creo que es;
y ahora que en vano lloro
queda adiós.

Conde — ¡Qué desconsuelo!

Violante Llévete a Pamplona el cielo.

(Vase.)

Conde A ver los ojos que adoro.

(Sale la Reina.)

Reina (Aparte.) (Así mi venganza trazo.)
Yo estimo tanto el aumento
deste reino, y quiero tanto
a mi esposo, que sus dichas
comprara, a ser necesario,
con mi sangre y con mi vida,
y agradecida me encargo
de premiar a quien le sirve,
y así vos, por lo bizarro,
lo leal y lo prudente
que ahora os habéis mostrado,
os quiero dar esta joya,
y estimadla, que en su tanto
Vale tanto como yo;
Guárdeos el cielo mil años.

(Vase.)

Conde Bésoos los pies muchas veces.
Confuso, ciego y turbado
estoy, ¿qué podrá tener
esta caja, que tan alto
precio le puso la Reina?

Nuño Yo no he sido lapidario,

y he de apreciar esta joya
antes de verla.

Conde — Veamos.

Nuño — Parece, Señor mío,
que valdrá sus cien ducados,
Seis más o menos.

Conde — ¿En qué,
dime Nuño, lo has hallado?

Nuño — En que esto valdrá la Reina
vendida en Argel.

Conde — ¡Villano!

García Fernández — Abre la caja, Señor.

Nuño — No abras tal que habrá algún diablo.

Conde — No hay sino un ángel, amigos,
porque es la joya un retrato
de la infanta doña Sancha,
hermana y prodigio raro
de la Reina.

García Fernández — Pues en eso,
tío y señor, ¿qué os ha dado?

Conde — Mucho y nada, ¿qué se yo?
pero este papel debajo
de la lámina venía.

Nuño — Yo imagino que soñamos.

García Fernández — Leedle.

Conde — Si haré, porque
nada de vosotros guardo.

(Lee.) — «Conde, si vais a Navarra,
os dará Sancha la mano,
que la Reina de León
premia así a tan gran soldado.
Y advertid que vais seguro
que don García, mi hermano,
hará aqueste casamiento,
que yo lo tenía tratado
antes, y él gustaba de ello
sin encontrar embarazo;
y ahora por cartas que escribo
aplico a este empeño cuanto
puedo con él, que no es poco;
por creencia este retrato
llevaréis, que él me envió
por consuelo y por regalo
La Reina.» ¡Bien haya, amén,
la estrella que entre sus rayos
influjo de tanta dicha
tuvo para mí guardado!

García Fernández — ¿Y ahora qué piensas hacer?

Conde — Partir, sobrino, volando
a Navarra.

García Fernández — No lo apruebo.

Albar Ramírez — No te entregues a un engaño.

Conde — ¿Cuándo los reyes a nadie
engañan?

Nuño — Este agasajo
me parece navarrisco,
y tiene un poquito de agrio.

Conde — Vive Dios, que aquesa lengua
te saque, si mal mirado
hablas de la Reina mal.

Nuño — Ya como sin lengua callo.

Albar Ramírez — Yo, Señor, habré cumplido
con estar siempre a tu lado.

Nuño — Yo con quedarme en León
me excuso de mil trabajos.

Conde — Tú has de ir a acompañarme
y Albar Ramírez.

Nuño — Andallo.

García Fernández — Tan poco soy de provecho,
que para esto no valgo.

Conde — Vos importa que os quedéis,
sobrino.

García Fernández — Pues id fiado

que si acaso la fortuna
(No lo quiera el cielo airado)
se os declarara enemiga
en Navarra, que este brazo
conduciendo valeroso
formidables castellanos
os saque de cualquier riesgo,
aun a pesar de los astros.

Conde — Pues vamos a prevenirnos.

Albar Ramírez — Pues a obedecerte vamos.

Conde (Aparte.) — (Sancha mía, dos mil vidas
aventurara arrestado
solo por mirar tus ojos.)

Albar Ramírez — Mucho temo algún fracaso.

García Fernández — Mucho temo una desdicha.

Conde (Aparte.) — (Ya sin verte no me hallo.)

Nuño — Y ya voy temiendo yo
que me han de matar a palos,

(Vanse.)

(Salen Ortuño, viejo, y doña Sancha; corren una cortina y aparece en un trono don García, rey de Navarra.)

Doña Sancha — Navarros valerosos,

Ortuño — Obedientes, leales, generosos,

Doña Sancha — De la lealtad admiración primera,

Ortuño — Asombro a quien el mundo más venera,

Doña Sancha — Valientes en la guerra vencedores.

Ortuño — Muy justos en la paz gobernadores.

Doña Sancha — Aquí tenéis en trono descubierto...

Ortuño — A don García, de don Sancho el muerto
legítimo heredero, que aclamamos.

Doña Sancha — ¿Juraisle vuestro Rey?

Todos — Sí, lo juramos,
con tal que él jure de guardar enteros
de nuestra patria los antiguos fueros.

Ortuño — ¿Juráis, Señor, juráis sobre estos santos
Divinos Evangelios, de que cuantos
fueros tiene este reino, fiel seguro,
siempre los guardaréis?

Don García — Así lo juro.

Ortuño — Pues, navarros, decid con voz altiva
que ¡viva nuestro Rey!

Todos — ¡Don García viva,
Nuestro rey y señor, de glorias lleno!

Ortuño — Para asombro y terror del agareno.

Doña Sancha — Pues ahora, Señor, a vuestra hermana
le dad vuestra real mano.

Don García — Muy ufana
ha de quedar la majestad con eso.

Ortuño — Yo la mano, Señor, ahora os beso
por mí y por todos los navarros godos.

Don García — Yo os la doy, y los brazos para todos,
y ya que está celebrada
mi feliz coronación,
y que me he puesto debajo
de la corona el dolor
de los cuidados, será
justo empezar desde hoy
y desde luego, a tratar
de cumplir mi obligación;
y así quiero retirarme.

Doña Sancha — Antes que salgáis, Señor,
de aquí, tengo que deciros,
quedando a solas con vos
y con Ortuño.

Don García — Despejen.

Ortuño — Ya ninguno sino yo
en esta cuadra ha quedado.

Doña Sancha — Pues dadme ahora atención,
invicto rey don García,
nuevo en Navarra blasón,

cuyas virtudes sean tantas
que de tu reino el amor
se queje, de que tan tarde
la corona se te dio;
desaprisiona del gusto
de reinar el corazón,
y la presente alegría
no sufra que aquel rencor
que ha de estar allá en tu pecho
contra el aleve y feroz
conde de Castilla, que
con cautela y con traición
le dio en el campo la muerte
a tu padre y mi señor.
El reinar un poco antes
no se contrapese, no,
con el dolor de haber muerto
con infamia y con traición,
con agravio y con injuria
a aquel insigne varón
que de otro rey engendrado
para reinar te engendró.
Y repara, si del reino
el dulcísimo sabor
te embriaga, que tu padre,
valeroso campeón,
murió al hierro de una lanza
por hacértele mayor.
El conde Fernán González
por odio que concibió
contra él cuando en Navarra
fue atrevido embajador,
pudiéndole llevar preso
de la vida le privó.

Mira, Rey y Señor mío,
que a la joya de tu honor
a quien pasadas grandezas
dan presunciones de Sol,
solo le falta el rubí
de la sangre de un traidor.
Pues a verterla, García,
busca modos desde hoy
de que a tus rigores muera
quien tan bien lo mereció.
Y si estuviere templado
de ese tu odio el rencor,
rómpeme mi pecho luego
y sácame el corazón,
que trayéndole contigo,
yo la palabra te doy
que te ha de sobrar crueldad,
ira, enojo, indignación,
aun para el mayor estrago
que jamás el cielo vio.
Ea, hermano; ea, Rey mío,
dale principio a esta acción,
empiece desde este instante
la venganza más atroz.
Así los ejes del mundo
cierren tu jurisdicción,
muera en tus mares el día,
nazca tu vasallo el Sol,
y por las estrellas cuentes
los triunfos de tu valor.

Don García

Doña Sancha, hermana mía,
la violenta, la veloz
muerte de mi padre (que

en su reino tenga Dios)
está tan allá en mi alma,
que si cierra a la pasión
la fortuna los caminos
de vengar mi injuria, yo
llamaré a público duelo
al cobarde guerreador
que dio a mi padre la muerte,
a quien dándosela atroz,
aquel cadáver sangriento
tomará satisfacción.

Doña Sancha — ¡Oh cuánto me alegra oírte!
Y ¡Oh cuánto...!

(Sale Octavio.)

Octavio — Ahora llegó
a las puertas de palacio
Violante.

Ortuño — ¡Qué dulce voz!
Mi hija es, que ha llegado;
con vuestra licencia voy
a recibirla.

Don García — No vais;
decid que la llamo yo.

Octavio — Ya está aquí.

(Sale Violante.)

Violante — Y a vuestros pies.

Don García Levantad.

Violante Sin el favor
de que me deis a besar
vuestra mano, no es razón.

Don García No estéis así.

Violante Vuestra alteza
me dé la mano.

Doña Sancha Vos sois
hija de un padre tan bueno
que os debo agrado mayor;
¿Cómo venís?

Violante Como quien
viene a gozar del favor
de ser vuestra esclava.

Ortuño ¡Ay hijos!
¡Cuánto alegra el corazón
vuestra vista!

Don García ¿Cómo queda
mi hermana?

Violante Queda, Señor,
llena de dolor y llanto,
y aquesta carta me dio
para vuestra majestad.

(Dásela.)

Don García — Quien tanto a su padre amó
no me espanto que le llore.

Ortuño — ¡Violante!

Violante — Padre y Señor,

Ortuño — por estar el Rey aquí
mil abrazos no te doy;
¿Vienes buena?

Violante — Con tal gusto
fuerza es.

Don García (Aparte.) — (¡Qué feliz soy!
¡Ah, hermana mía! ¡Qué bien
has mostrado tu afición
y tu entendimiento! El vil
Fernán González, traidor,
estará presto en mis manos.)

Doña Sancha (Aparte.) — (En el semblante y la acción
muestra el Rey gusto leyendo.)
¡Violante!

Violante — A tus pies estoy.

Doña Sancha — ¿Sabes lo que trae la carta?

Violante — No, Señora.

Don García (Aparte.) — (Dilación

no admite esto.) Sancha, vamos;
don Orduño, venid vos
conmigo, que encomendaros
quiero, porque sé quien sois,
cierta cosa que me importa.

Ortuño — ¿Cuándo no os obedeció
mi humildad?

Doña Sancha (Aparte.) — (¿Qué habrá traído
esta carta?)

Don García — Sancha, adiós;
que tengo mucho que hacer.

Doña Sancha — Id en buen hora; mas no
olvidéis nuestra venganza.

Don García — No haré, Sancha, y el rencor
de entrambos logrará presto
furias en el que ofendió
a nuestra sangre.

Doña Sancha — Con eso
sosegará mi pasión.

Don García — Yo viviré consolado.

Doña Sancha — Y con menos ansias yo.

Don García — Yo con penas menos graves.

Doña Sancha — Yo con angustia menor.

Don García — Vamos, Ortuño.

Doña Sancha — Violante,
vamos.

Don García — ¡Qué gustoso voy!

Doña Sancha
(Aparte.) — (Esta carta me ha traído
apacible confusión.)

(Vanse.)

(Dicen dentro Nuño y el Conde.)

Nuño — Señor, no pase de aquí
tu resolución bizarra,
que la raya de Navarra
es la que miras ahí.
El demonio que allá vaya,
mira que adivino soy.

Conde — Pues ya yo en Navarra estoy.

Nuño — Pues ya pasaste la raya.

(Salen Nuño y el Conde.)

Conde — ¿Albar Ramírez a dónde
se quedó? Con los caballos,
porque ha gustado de atallos
en la selva que se esconde.

(Sale Albar Ramírez.)

Albar Ramírez

Aquí estoy; aunque algo lejos
quedé en la selva intrincada
que Nuño no es para nada.

Nuño

Si soy, para dar consejos,
puesto que para esto solo
sirven mis habilidades.
Señor, ¿es posible que
no consideres que haces
en entrarte en esta tierra
un horrendo disparate?
¿Qué quieres que te dé un Rey
a quien huérfano dejaste?
Aunque sea rey de copas
a la copa ha de tirarte.
El sabio muda consejo,
no desprecies lo mudable,
que más linda es una dama
y se muda por instantes.

Conde

Nuño, yo he de ir a Pamplona.

Nuño

¿Qué, nada te persuade?

Conde

Mi amante resolución
es más firme que un diamante.

Nuño

Pues un cuento, Dios te libre,
Sobre ti a plomo se cae.
En cierta parte del mundo,
que aquí no importa la parte,
había una grande hechicera

que volvía en animales
diferentes a los hombres;
a unos los hacía elefantes,
a otros gatos, a otros perros,
a otros tigres muy galanes,
y a otros torpes lechones;
en fin, cuanto la nadante
Arca, encerró, de Noé,
tenía ella en dos corrales.
Llegó un hombre que sabía
el contrahechizo al paraje
en que estaba, y empezó
con desenfado galante
a ir desencantando hombres,
que a sus formas naturales
volvían dando mil brincos
del contento de librarse.
Llegó a uno, a quien la forma
de cochino abominable
cubría, y hacía gran fuerza
con conjuros y ademanes
por desencantarle; mas
porque no le desencanten
lo que hacía era gruñir,
andar hacia atrás y darle.
El tal desencantador
se mataba por librarle,
mas el maldito lechón
le dijo, haciendo visajes:
«Yo gusto de ser cochino,
Vuesa merced no se canse».
Llévate esa doctrinita
y pasemos adelante.

Conde — Por el miedo en que te pongo
la chanza he de perdonarte:
y ahora a esa hermosa fuente
mientras los caballos pacen
nos podemos acercar.

Nuño — Eso es cosa de azacanes,
que eso de estar junto a fuentes
los aguadores lo hacen.

Conde — ¿Nada te contenta?

Nuño — No,
en Navarra.

(Dentro Octavio y Ortuño.)

Octavio — Al monte.

Ortuño — Al valle.

Nuño — ¿Ves como eres jabalí
pues que vienen a cazarte?

Ortuño — Tornad todos los caminos,
de suerte, que pasar nadie
pueda sin saber quién es.

Nuño — En peligro semejante,
ser mosca fuera gran dicha.

Conde — Vendrán de aquesos lugares
buscando algunos bandidos;
pero vamos al paraje

donde los caballos quedan.

Nuño — Yo hago voto de ser fraile.

(Salen Ortuño, Octavio y acompañamiento.)

Octavio — A aquella parte hay tres hombres
que parecen caminantes.

Ortuño — ¿Si será el Conde?

Octavio — No sé.

Ortuño — ¿Nadie le conoce?

Octavio — Nadie.

Ortuño — Cuando él a tratar estuvo
en Navarra de las paces
con León, estaba yo
en Francia.

Octavio — Con preguntarles
quién son, saldrás fácilmente
de aquesas dificultades.

Ortuño — Dices bien; ¿quién es aquí
el conde Fernán González?

Nuño — Yo no lo quisiera ser
por un celemín de sastres.

Conde — Yo soy, ¿qué queréis?

Ortuño Que seáis
preso.

Nuño Requiescat in pace.

Conde ¿Pues quién me manda prender?

Ortuño Don García (que Dios guarde),
Rey de Navarra.

Conde Mirad
que un seguro a ella me trae
de la Reina de León,
su hermana.

Ortuño Pudiera darle
en su tierra, pero aquí
esos seguros no valen.

Nuño Voto a Cristo, que nos dio
la Reina con la del martes.

Albar Ramírez
(Aparte.) (El Conde está en gran peligro,
ahora, ahora lealtades;
apartad, Albar Ramírez,
porque no es justo que pase
adelante ese disfraz.)
Yo el Conde soy, que a casarme
con vuestra Infanta venía
en virtud de las reales
cédulas y ofrecimientos
de la Reina, siempre grande,
de León; pero pues dellas

tan poco caso se hace,
prendedme a mí, que este hombre
es un criado, que antes
de saber vuestros intentos,
en él quise disfrazarme.

Nuño (Aparte.) (¡Ah castellano famoso,
qué bien cumples con tu sangre!)

Conde (Aparte.) (Vive el cielo, que me ha dado
envidia acción semejante;
mas no he de dejar vencerme
yo en bizarrías de nadie;
fuera desto, yo pretendo
que sepa Sancha, que sabe,
muy fuera de ceremonias,
morir por ella su amante.)
Caballeros, el afecto
de ese hombre no os engañe,
que es mi criado, y yo soy
el conde Fernán González.

Albar Ramírez
(Aparte.) (¡Que quiera el Conde perderse
de bizarro y arrogante!)

Ortuño ¿Quién llegó a ver en el mundo
dos tan nobles voluntades?
¡Extraña acción! decid vos,
¿Quién es el Conde?

Nuño Ignorante,
con llevártelos a entrambos,
¿De aquesa duda no sales?

Ortuño Si, mas preso no ha de ir,
vive Dios, hombre en quien cabe
tal amor, y por su dueño
quiera a la muerte entregarse.

Albar Ramírez Pues dejad ir a ese hombre.

Conde Pues a mí habéis de llevarme,
que soy el Conde.

Albar Ramírez Dejad,
Ramírez, los disparates,
basten las lealtades necias;
yo soy quien vertió la sangre
de don Sancho, vuestro rey.

Conde Aqueste acero que yace
a mi lado le dio muerte.

Ortuño ¡Quién vio duda más notable!

Conde Pues porque os desengañéis...

Ortuño Decid.

Conde ¿No será constante
que es el Conde el que trajere
consigo una inestimable
prenda del retrato hermoso
de la Infanta?

Octavio No es dudable
pena de amante grosero.

Conde — Pues yo le traigo, miradle.

Ortuño — Es verdad, aqueste es,
(Guarda el retrato.) pero no es justo que ande
con quien cruel y soberbio
le dio la muerte a su padre.

Conde — Hombre atrevido, ¿qué has hecho?
vuélveme el retrato, antes
que te saque el corazón
y en piezas se le de al aire.
¿Para cuándo, valor mío,
guardo las temeridades?
Ahora veréis.

Albar Ramírez — Señor,
Mira que esto es disparate,
y que es desesperación
evidente la que haces.

Nuño — Que vienen dos mil, Señor,
allí a cascarnos la parte.

Ortuño — De que vos el Conde sois
es argumento bastante
el sentimiento que aquí
mostráis, porque a no albergarse
grande amor en vuestro pecho,
no hicierais extremos tales;
y así llevadle, soldados.

Conde — Dime, ¿para qué es mandarles
que me lleven, cuando tú

atado a la bella imagen
de ese retrato me llevas
con cadenas agradables?
Soldados, no me llevéis,
más compasivos guiadme,
porque como ciego voy
el caer será muy fácil.

Ortuño — Vos bien os podéis volver.

Nuño — Del cielo goce la madre
que te parió.

Ortuño — Yo no hablo
con vos.

Nuño — Pues en los volcanes
del infierno pene ella
el disgusto que me haces.

Ortuño — A vos digo.

Albar Ramírez — Mis finezas
no sufren esos ultrajes.

Octavio — Pues va este lacayo preso,
lo mejor es maniatarle.

Nuño — Paréceme que ya he visto
a ustedes.

Octavio — ¿Dónde, bergante?

Nuño — En un paso de Pasión

con tocas y con alfanjes.

Ortuño — Ya os he dicho que volváis.

Albar Ramírez — Advertid, que si dejarme
queréis, he de convocar
ejércitos tan pujantes
que las piedras de Navarra
tiemblen al son de los parches.

Ortuño — No importa, quedad con Dios.

Albar Ramírez — Advertid, que a mis crueldades
toda Pamplona ha de verse
bañada en ceniza y sangre.

Conde — Albar Ramírez, amigo,
vete, y el cielo te guarde.

Albar Ramírez — A ti te dé larga vida
y te ayude en este trance.

Nuño — A mí me den los demonios
un cordel con que ahorcarme.

Ortuño — Caminad.

Conde — Sancha, por ti
sufro estas calamidades.

Albar Ramírez — Cielos, no me deis más vida
que hasta llegar a librarle.

Fin de la primera jornada

Jornada segunda

(Salen por una parte don García y Ortuño, y por otra doña Sancha y Violante.)

Don García ¿Llamaste a mi hermana?

Ortuño Aquí
la fui a avisar que saliera.

Doña Sancha ¿Aquí no dijo que espera
mi hermano?

Violante Señora, sí.

Ortuño Ya sale.

Don García Templar confío
su pena.

Doña Sancha ¡Grave dolor!

Don García La Infanta llega.

Violante (Aparte.) (¡Ay amor!)

(Vase.)

Don García ¿Bella infanta?

Doña Sancha ¿Hermano mío?

Don García Yo te he enviado a llamar.

Doña Sancha Di.

Don García — Porque sepas...

Doña Sancha — ¡Oh hado infiel!

Don García — Que quiere el cielo...

Doña Sancha — Es cruel.

Don García — Que llegue el día...

Doña Sancha — ¡Ay de mí!

Don García — En que de un padre la muerte
venguemos dos ofendidos.

Doña Sancha — Para esa voz tengo oídos.
¿De qué suerte?

Don García — Desta suerte.

Doña Sancha — ¿Murió el traidor?

Don García — Aun no fuera
para él castigo bastante.

Doña Sancha — Vete allá fuera, Violante.

Don García — Ortuño, vete allá fuera.

(Vanse Violante y Ortuño.)

Doña Sancha — Pues la venganza mitigue...

Don García ¿Qué?

Doña Sancha El dolor.

Don García Pues la que tomo
podrás saber.

Doña Sancha Dime cómo.

Don García Si tú me escuchas.

Doña Sancha Prosigue.

Don García El conde Fernán González
como tú sabes...

Doña Sancha Detente,
no me penetres el alma
con que a mis oídos llegue
el nombre del que ha vertido
nuestra sangre tantas veces,
la de mi padre por venas,
la de mis ojos por fuentes;
que al ir a usar del acero
con que me vengue y te vengue,
buscándole por donde obra,
le empuñe por donde hiere.

Don García Si te he dado por los filos
el puñal, no es porque dejes
La ofensa por el dolor;
dóitele, para que cebes
tu ira en tu propia sangre,
y porque cuando se vierte,

de derramada se irrite
y de noble se avergüence.

Doña Sancha

¿Pues adónde podré hallar
al Conde, porque alimente
toda mi ira con su sangre?
Responde.

Don García

Cerca le tienes.

Doña Sancha

En la raya de Navarra,
segunda vez con sus huestes
volverá a irritar las tuyas,
tan cruel como valiente;
pues si yo el caballo ocupo,
si sobre él puesta saliese,
uno y otro arnés por uso
y no por temor, luciente
hasta en una mano, en otra
rienda fácil, el pie débil
al ijar, porque ejecute
lo que la mano gobierne;
Doña Sancha de Navarra
Sabrá que...

Don García

Aguarda, detente.
Sabe, que dentro en Pamplona
tengo al Conde preso.

Doña Sancha

Advierte,
que a no ser tú quien lo dice
no fuera yo quien lo cree.
¿Quién le prendió?

Don García — Mis soldados.

Doña Sancha — ¿Pero cómo fue el prenderle
los tuyos?

Don García — Es la venganza
ingeniosa algunas veces.

Doña Sancha — No te entiendo, ¿no sabré...

Don García — Lo que ahora es conveniente
es saber que viene preso
y no saber cómo viene.

Doña Sancha — Pues muera el Conde.

Don García — No muera
el Conde.

Doña Sancha — ¿Cómo se atreve
tu lengua a decir que viva
quien dio a tu padre la muerte?

Don García — Yo he hallado...

Doña Sancha — Di, ¿qué?

Don García — Un camino
en que esté durando siempre
nuestra venganza.

Doña Sancha — ¿Cuál es?

Don García — En esa torre eminente,

que a subir a la segunda
región del aire se atreve,
que está enfrente de Palacio
y de tu cuarto está enfrente,
retirada estancia tengo
tan secreta como fuerte,
donde tenerle en prisión;
el acero le ensangriente
de los días, el cuchillo
de los años le penetre
el corazón, tan a espacio
que al verle embotado siempre,
aun más de lo que se aflija
llore lo que no se hiere.

Doña Sancha

Bien dices, nuestra venganza
dure, pues dura vehemente
nuestro dolor; muera el Conde
de una vez, y muchas veces,
que oír quiero desde mi cuarto
suspiros que el viento lleve,
que es regalo al ofendido
la queja del que le ofende.

Don García

La hambre le aflija, y no beba
cuando la sed le moleste
mas agua que la del llanto
cuando con el labio encuentre.

Doña Sancha

¡Oh cómo verte cruel!

Don García

¡Oh cómo indignada verte!

Doña Sancha

Quier mi pasión...

Don García Mi dolor.

Doña Sancha Pero no dejes
de tener tu odio cabal
por saber que otro le tiene;
si en Palacio está, ¿a qué aguardas?

Don García Que a besar tus plantas llegue.

Doña Sancha ¿Y ha de entrar a hablarte?

Don García Si.

Doña Sancha ¿Cómo le traen?

Don García Desta suerte.

Doña Sancha Pero espera.

Don García ¿Qué decías?

(Tocan.)

Doña Sancha Ni hablarle quiero ni verle,
a mi cuarto me retiro.

Don García Di, ¿por qué?

Doña Sancha No quiero que entre
donde viéndole mis ojos
al corazón se lo cuenten,
y él de irritado se asome
en lágrimas a estas fuentes

del alma, y viéndole preso,
no quiero yo que sospeche
que ha brotado la piedad
lo que la venganza vierte.

(Vase.)

Don García — Bien dices.

(Sale Violante.)

Violante — Rey de Navarra,
para cuya heroica frente
la fama en tantas provincias
ya deshojando laureles,
hoy la piedad...

Don García — Mala senda
tomaste para que encuentren
tus voces con mis oídos:
llegue el Conde.

(Tocan.)

(Salen el Conde, Nuño, con Octavio, Ortuño y guardas.)

Conde — A tus pies tienes,
gran Rey de Navarra, a quien
tuvo a sus pies muchos reyes.

Don García — ¿Tú reyes? di ¿qué reyes has vencido?

Conde — Si por verme rendido
usas mal del poder contra mi suerte,

Fernán González soy.

Don García — Habla.

Conde — Y advierte,
que la fortuna que te da blasones,
nunca fue dueño de los corazones.

Don García — ¿Tú reyes, siendo tú un pobre vasallo?

Conde — Caballo de Almanzor era el caballo
que ferié al de León, y juntamente
le di un azor, y tan ligeramente
uno y otro en el curso se igualaba
que el caballo pensaron que volaba,
que pisaba el azor el monte o valle;
uno corre, otro vuela, y al miralle
ninguno discurría
cual era de los dos el que corría.

Don García — Almanzor, de quien tanto triunfo hiciste
con exceso de gente le venciste.

Conde — La envidia, y no la fama, te ha engañado
con ejército tanto bajó a un prado,
que al mirar el exceso de su gente,
campo era de batalla impropiamente
su campo, en las adargas tunecíes,
orleadas de claveles carmesíes;
campo, en ver almaizares y lahores,
parecerle del campo a las colores;
campo, en temblar por hojas sus pendones,
al remolinear sus escuadrones,
y cuando sus jinetes me embestían,

campo en que parecían
las rosas de las clines amapolas,
las lunas agua y las rocas olas.

Don García — Pues di que en campo igual, en igual suerte
a mi padre don Sancho diste muerte;
su ejército rompido y destrozado,
hallándole en la margen recostado
de una fuente sonora y cristalina,
que murmurando estaba su ruina
de mi padre don Sancho, otro Bellido.

Conde — La lisonja villana te ha mentido;
Castilla sabe, Rey, y tú el primero,
que batallé con él acero a acero.

Don García — Quien te vio darle muerte me ha contado
que a singular batalla provocado,
a seis que te ayudaban embestía.

Conde — ¿Cómo le dejó solo quien le vía?
Pero tú, si eres rey prudente y sabio,
¿Cómo a ti propio te haces ese agravio?

Don García — ¿Quién es tu rey, y quién tu heroica reina?

Conde — Ramiro de León, que por mi reina,
Teresa de Navarra, hermana tuya,
es mi reina.

Don García — Pues si esa cansa es suya,
mal tu lealtad de mi piedad se ofende,
pues no te prendo yo, que ella te prende.

Conde ¿Tú no me prendes? Si hoy desta manera...

Don García Tu Reina me escribió que te prendiera;
Doña Violante de Castilla ha sido
la que para prenderte me ha traído
las cartas.

Violante (Aparte.) (¡Y que yo la causa fuese
para que por mi causa le prendiese!)

Conde ¿Y no es doblez que a mí...?

Don García Pueden los reyes,
por castigar a quien rompió sus leyes
aprisionarlos cautelosamente
y a hombres como tú principalmente;
sígueme, Ortuño, porque sepas donde
quiero que quede aprisionado el Conde
y en tanto que te fío mi cuidado
no se quite de aquí ningún criado.

Ortuño Tus órdenes espero.

Don García Ven conmigo.

Conde Esa es venganza.

Don García Llámala castigo.

Conde No eres mi rey.

Don García Hoy que en mi reino te hallo,
te pienso castigar como a vasallo.

(Vanse don García y Ortuño.)

Conde
Tú, hermosísima Violante.

Violante
¡Ay de mí!

Conde
La causa has sido
de que el Rey me haya prendido.
¿Es esta la fe constante
con que escuché tu pasión,
que de mi verdad se obliga?

Nuño
Mandadera sois, amiga,
non tenedes culpa, non.

Conde
Mal a una acción tan honrada
tu obligación corresponde.

Violante
Bien saben los cielos, Conde,
que yo no he sido culpada
en que la infelice suerte
mate a los dos de una herida,
pues para librar tu vida
me arriesgara yo a la muerte;
pero ya que por mí fue
tan injusta tu prisión,
con mi queja y mi razón
a la infanta rogaré
que te haga dar libertad;
diré que a los dos ampare,
y si ella no me ayudare,
obligada a la lealtad
que le debe a mi afición,
a convocar tus soldados

a veces acostumbrados,
daré la vuelta a León,
y a irritar su acero airado,
si no es que por verte así
se han olvidado de ti
desde que eres desdichado;
justo es que fineza tanta
a tu libertad acuda.
Y si la Infanta me ayuda...

Conde

No te fíes de la Infanta
ni de su trato infiel,
si es en acción semejante,
que es como vana inconstante
y como hermosa cruel;
pues de su valor no aguarde
el socorro tu ternura,
que es la primer hermosura
que ha habido jamás cobarde,
que a la fineza ha faltado
que debió a una voluntad,
que es cruel, que yo que...

(Sale doña Sancha.)

Doña Sancha

Hablad,
proseguid, ¿qué os ha turbado?
¿Vos aquí, Violante?

Violante

Estaba
diciendo...

Conde

La dije que...

Doña Sancha
De la Infanta, ¿qué es lo que
decís?

Conde
De vos me quejaba.

Doña Sancha
A esa prisión, ¿cómo vos
no le lleváis ya?

Octavio
Primero
la orden del Rey espero
que traiga Ortuño.

Doña Sancha
A los dos,
(¡Cuánto el verle me ha indignado!)
A esotra pieza llevad.

Violante
¡Ay amor! Zape.

Conde
¡Oh crueldad!

Octavio
Venid, Conde.

Conde
¡Infeliz hado!

Doña Sancha
Pero esperad; ¿por qué aquí
de mi rigor se ha quejado
vuestro error? ¿vos no habéis dado
la muerte a mi padre?

Conde
Sí,
que le di muerte confieso.

Doña Sancha
Pues a vos, ¿qué os asegura?

Conde — De que por una hermosura,
a quien adoro, estoy preso;
y a la verdad contradice
con que la adoro rendido.

Violante (Aparte.) — (Como yo la causa he sido,
por mí sin duda lo dice.)

Conde — Por ella he venido aquí.

Doña Sancha — ¿Y quién fue de vuestro error
la causa?

Conde — Mi fe y mi amor.

Violante (Aparte.) — (Sí, el Conde vino por mí.)

Doña Sancha — La causa saber quisiera
que os hiela, os turba y os para.

Conde — Señora, yo me explicara
A no haber quien nos oyera.

Doña Sancha — Quedemos solos los dos.

Conde — Mi queja alivie mi mal.

Doña Sancha — Hacedme el cargo cabal.
¿Octavio?

Octavio — Señora.

Doña Sancha — Vos
esperad fuera; Violante,

¿A qué aguardáis?

(Vase Octavio.)

Nuño ¿Y yo no?

Violante Bella doña Sancha, yo
no importa que esté delante,
pues yo decirle pudiera
su amor, su fineza y fe.

Conde Si no se va, callaré.

Doña Sancha Si importa, vete allá fuera.

Violante Ya yo te obedezco.

Conde Así
podré hablar.

Violante Irme es forzoso.

(Vase.)

Conde Ea, amor, sed valeroso;
Señora, escuchadme.

Doña Sancha Di.

Conde Bella Infanta de Navarra,
doña Sancha, a quien imitan
el Sol, si atiende a tus ojos,
la aurora, si ve tu risa,
ya sabrás que habrá dos años

que vine desde Castilla
a Navarra a tratar paces
con tu padre; ya sabrías
que no las quiso ajustar,
que cuando una monarquía
se ve más feliz en armas,
finge que la paz estima,
y con tales circunstancias
la propone, que al oírlas,
con lo que piensa que templa
es con lo mismo que irrita;
pedí licencia a tu padre
para irme, y concedida,
¡Que no haya yo visto (dije),
ni que el Rey me lo permita,
a la infanta doña Sancha!
Allá dicen, en Castilla,
que aun es mayor su hermosura
de lo que la fama pinta;
si queréis verla (me dijo
un jardinero que habita
esos jardines), podéis
recatado en las floridas
ramas, ver a doña Sancha
que a cultivar cada día
sale a esas flores, que solo
producen cuando las pisa;
diome una llave una tarde,
del jardín, y tuve dicha
que entrar ninguno me viese;
de un verde rosal se fía
mi recato, y de una cuadra
te vi que al jardín salías
(Si en verte puede alcanzar

jurisdicciones la vista);
saliste al jardín, dejando
todas las flores marchitas
recogióse de vergüenza
la rosa; aquí se podía,
viéndola mustia, decir
que se quedaba en la espina;
las azucenas entonces
a tus manos se venían
por si convertirlas pueden
en ondas de nieve riza;
y en verdad que casi casi
las vi igual, cuando las vía,
pues se pusieron más blancas
de miedo de competirlas;
por el jardín se hizo salva
hermosísima zuiza
de flores, que dispararon
al son de la artillería
de las fuentes su fragancia
con pólvora cristalina;
el miliciano jazmín
dispuso su puntería
en tu frente, y el clavel
asestaba a tus mejillas;
la mosquetera amapola
puso en tus labios la mira,
y de emboscada la rosa
te acometió pica a pica;
las maravillas en tropas
hicieron toda la riza
en tus ojos, porque al verte
todas eran maravillas;
de mí solo no te cuento

lo que el corazón sentía,
que harto pienso que te ha dicho
quien te ha dicho que te vía;
libre el pecho me dejaste,
no el alma, que fue la herida
de la condición del rayo,
todo el acero en ceniza
convierte y deja la vaina
como el mismo acero, limpia;
volvíme a León, Señora,
mandóme el Rey que prosiga
la guerra, muere tu padre
(Aquí, aquí te necesita
mi voz atenta y piadosa);
tu hermana, ¡ay, amor! me envía
a Pamplona, porque dice
que casarme solicita
contigo, y que ya tu hermano
para estas bodas me envía
a llamar; creo a la Reina,
bien que en balde se confía
de la fortuita quien cree
sus mentiras y sus dichas;
préndeme el Rey en llegando,
inadvertidos me quitan
tu retrato sus soldados,
y si a prenderme venían,
lo erraron, pues me quitaron
la prisión que yo traía;
y ahora hago a tu belleza
todo el cargo; ¿tú que hablas
de amparar a quien te adora
eres la que le castigas?
Que no premiases mi amor,

ni esta esperanza enemiga
que imaginando que vuela
no vuela, sino imagina,
vaya; pero que tú seas
la que me quites la vida
con tus ojos, ¿y que pienses
que te hace falta la ira?
Éste sí es cargo; aquí sí
que todo el derecho estriba
de mi amor; sabe, Señora
(Perdona esta vez, que mía
te he de llamar, que la lengua,
si es fuerza que al alma asista,
ha de decir lo que el alma
le enviare a decir que diga),
que eres mi castigo y eres
mi perdón, que mi ruina
eres y eres mi edificio,
mi ahogada y mi enemiga,
mi vida, pero mi muerte,
descanso, pero fatiga,
osadía, pero miedo,
mi ceguedad, pero vista,
serenidad, mas borrasca,
amante, aunque me persigas;
libre o preso, aunque me olvides,
he de arriesgar esta vida
a tus ojos, y he de darte
un alma de quien te sirvas;
y aunque se conjure el hado
contra mí, y aunque lo impida
mi estrella, que en adorarte
solo no parece mía,
yo haré que este amor constante

que en fe tuya se eterniza,
cuando a tus rigores muera
que para los siglos viva.

Doña Sancha — En fin, ¿que solo por mí
ha sido vuestra venida
a Navarra?

Conde — Sí, Señora,
esta carta te lo diga
de la Reina.

Doña Sancha — ¿Y por mi causa
estáis preso?

Conde (Aparte.) — (Amor. Albricias.)

Doña Sancha — ¿De manera, que conmigo
se hizo la traición?

Nuño — La misma.

Doña Sancha — ¿Y yo soy la causa?

Conde — Tú,
de que esté muriendo y viva.

Doña Sancha — ¿De que estéis preso?

Nuño — Y yo y todo.

Doña Sancha — Pues hoy veréis...

Conde — ¿Qué imaginas?

Doña Sancha	Que indignada...
Conde	Tus piedades solicito.
Doña Sancha	Y vengativa, he de hacer que el mundo sepa quién soy.
Nuño (Aparte.)	(Ahora nos libra.)
Doña Sancha	¿Ortuño?
Nuño	¿Ortuño?
(Sale Ortuño.)	
Ortuño	¿Señora? A los dos...
Doña Sancha	¿Qué determinas?
Doña Sancha	Puedes llevar.
Nuño	Ya nos vamos.
Doña Sancha	Por este cuarto...
Conde	¡Gran dicha!
Doña Sancha	A la prisión donde el Rey os dejó mandado.

Nuño ¡Chispas!

Doña Sancha Pues viven los cielos...

Ortuño Vamos,
Nuño.

Doña Sancha Que hoy la voz mía...

Nuño ¡Oh Infanta!

Ortuño Ya llevó el orden.

Nuño Mal tercio de infantería
te entre a saco.

Conde Amor, paciencia,
que sin méritos no hay dicha.

(Vanse Nuño, Ortuño y el Conde.)

Doña Sancha Pues hoy ha de ver Navarra
cuánto doña Sancha estima
su pundonor, oiga el mundo
y mi hermano don García
oiga de mí...

(Sale don García.)

Don García ¿Doña Sancha?

Doña Sancha A buen tiempo.

Don García ¿Qué hacías?

Doña Sancha (Llora) Ha llegado vuestra alteza;
(Pesia el llanto.)

Don García Hermana mía,
¿Tú lágrimas y tú quejas?
Que escuchadas y vertidas
no las creo, como nunca
tu vanidad las destila;
hoy que tengo preso al Conde,
tu ofensor...

Doña Sancha ¡Suerte enemiga!

Don García ¿Tú en tristezas?

Doña Sancha Si un agravio
le haces al alma, ¿querías
que el corazón le agradezca
lo que al corazón irrita?

Don García ¿Yo agravio?

Doña Sancha En prender al Conde.

Don García Dime cómo.

Doña Sancha ¿No venía
a desposarse conmigo?

Don García A eso tu hermana le envía
desde León, y en la raya
le prendí.

Doña Sancha ¿Y es bien que diga
el mundo que es tu venganza
cautelosa y no atrevida?
A mis ojos (¡oh, cegaran
primero a rendir envidias!)
Al Conde y a la cautela
de mi belleza le fías?
¿No había campaña...?

Don García Parece...

Doña Sancha ¿Dónde el acero podía
tomar venganza?

Don García Que estás...

Doña Sancha ¿Qué dices?

Don García Agradecida,
y aun iba a decir...

Doña Sancha Detente,
que si en mi voz imaginas
que hay traición, como en tu trato;
si amor piensas que me obliga
a esta queja, vive yo;
mas juro, vive mi ira,
que será inmortal, que a haber
dado mis ojos noticia
al corazón que hay en él
Señas de que en él cabía,
los cegara con mi llanto;
y si este huésped que habita
el oído, este Hugaso

se alimentara algún día
de los ecos con que suele
regarle la cartería,
Le ahogara en dos desengaños
que tanta experiencia cría,
para que del escarmiento
probara el amargo acíbar;
aquí solamente habla...

Don García ¿Quién?

Doña Sancha Mi vanidad, que es hija
de mis altos pensamientos;
diferente monarquía
es la de mi vanidad
que la de amor, que esta cisma
la introduce en este reino
el oído y no la vista,
y en un Rey...

Don García Tu hermana fue
la que te prendió.

Doña Sancha Imagina
que a ti te han de hacer el cargo.

Don García ¿Pues qué importará que digan
que tengo preso a quien dio
muerte a mi padre?

Doña Sancha Podrían
murmurar que hizo tu industria
lo que tu valor no haría.

Don García — Yo soy rey, él un vasallo
de otro rey, y aunque podía
usar del valor, hoy uso
del poder.

Doña Sancha — Bien te acreditas;
para engañarle conmigo
le has hecho tu igual, ¿y miras
que no es tu igual si a campaña
le sacas y desafías?

Don García — Yo, si en campaña le diese
la muerte, mormurarían
que fue en mi reino.

Doña Sancha — ¿Qué importa?
Haz tú lo que hacer debías:
como obre bien tu valor,
cuéntelo mal la malicia.

Don García — Yo no intento aventurar
un castigo.

Doña Sancha — Poco estimas
tu fama.

Don García — Yo hallé en mi reino
mi ofensor.

Doña Sancha — Y yo en tu misma
venganza encuentro mi ofensa.

Don García — Pues si piensas...

Doña Sancha Si imaginas...

Don García Que he de libertar al Conde...

Doña Sancha Costear conmigo tu ira...

(Salen Ortuño y Violante.)

Ortuño Ya el Conde...

Violante Ya en la prisión...

Don García ¿A qué vienes?

Doña Sancha ¿Qué decías?

Ortuño Que ya el Conde queda preso,
como mandaste.

Violante (Aparte, a doña Sancha.)
(Que pidas
al Rey que mi amor ampare
con dar al Conde la vida.)

Don García Muera el Conde en la prisión,
que esto importa.

Doña Sancha (Aparte a Violante.)
(Si se fía
tu amor de mí, yo te ofrezco
su libertad.)

Ortuño Si es precisa
su muerte, de mi lealtad

bien tu enojo se confía.

Don García (Aparte.) (Con la Infanta disimulo.)

Doña Sancha (Aparte.) (Finjamos, industria mía.)

Don García Doña Sancha, aunque mi enojo...

Doña Sancha Rey y Señor, aunque mi ira...

Don García De parte está del castigo.

Doña Sancha Un desagravio pedía...

Don García Tu pundonor es primero
que mi dolor.

Doña Sancha Mas justicia
tiene tu pasión.

Don García Yo ofrezco
hacer lo que tú me pidas.

Doña Sancha Y yo no pedirte más
de cuanto el dolor permita.

Don García Ven, Ortuño.

Doña Sancha Ven, Violante.

Ortuño En fin, Señor, ¿determinas
que hoy muera?

Don García Hoy será su muerte.

Violante En fin, ¿darle solicitas
libertad?

Doña Sancha (Aparte a Violante.)
(Libre has de verle.)

Violante (Aparte.) (Para primera, gran dicha.)

Don García (Aparte.) (Para dolor grave, el mío.)

Ortuño (Aparte.) (Lealtad, no tan compasiva.)

Violante (Aparte.) (No tan cobarde, esperanza.)

Doña Sancha
(Aparte.) (Estrella, no tan impía.)

Ortuño (Aparte.) (Lealtad...)

Doña Sancha
(Aparte.) (Ira...)

Violante (Aparte.) (Amor...)

Don García (Aparte.) (Venganza
¡Muera el Conde!)

Doña Sancha
(Aparte.) (¡El Conde viva!)

(Vanse.)

(Tocan, y salen el Rey, la Reina, Albar Ramírez, García Fernández y soldados.)

Rey ¿Teresa?

Reina ¿Rey Ramiro?

Rey Esposa mía,
luz de la luz, conque amanece el día,
¿Dónde vas desta suerte?

Reina Hablar no puedo,

Rey Indicio del temor, seña del miedo.

Reina ¿Dónde vas arrojado
con tu ira, tu rostro equivocado?

Rey ¿No escuchas este fúnebre instrumento,
que inquieta el aire con su ronco acento

Reina ¿No ves aquellos negros enlutados,
entrarse disfrazados
por el palacio tuyo, solo a hablarte
de las iras, discípulos de Marte,
negras las bandas, negros los paveses?

Rey ¿Si castellanos son?

Reina ¿Si son leoneses?

Rey ¿Qué novedad...?

Reina ¿Qué intento nuevo ha sido...

Rey	El que os ha conducido a entraros desta suerte,
Reina	A ir ensayando mi futura muerte?
Rey	Responded, vuestro Rey os está hablando
Reina	Yo vuestra Reina soy, no habléis callando.
Rey	Y el que en las voluntades vuestras reina.
Albar Ramírez	No eres mi Rey.
García Fernández	Ni tú eres nuestra Reina.
Rey	¿Quién, pues, a mi obediencia contradice?
Albar Ramírez	Albar Ramírez es el que lo dice.
Reina	¿Quién a negarme el vasallaje llega?
García Fernández	García Fernández es el que le niega.
Rey	¿Tú en León, Albar Ramírez?
Albar Ramírez	Rey Ramiro, yo en León.
Reina	¿Tú te sales de mi corte, Don García?
García Fernández	También yo.
Rey	¿Dejaste al conde en Navarra?

Albar Ramírez Mi lealtad, si le dejó,
fue para poder volver
a vengar una traición.

Reina ¿Es muerto el Conde? Parece
que ese fúnebre rumor
que iguala con las sordinas
el destemplado atambor,
indicios da de su muerte.

Albar Ramírez Este llanto que vistió
nuestro semblante, que es tela
que usa siempre el corazón,
es por la prisión injusta
del Conde.

Reina (Aparte.) (Ya se logró
mi venganza.)

García Fernández Aqueste luto
que a los ojos lisonjeó,
viene a ser de la venganza
más seña que del dolor.
Preso está el Conde, mi tío,
Fernán González.

Rey Los dos
me habéis dicho que está preso,
sin decir quién le prendió.
¿Pasando acaso a Navarra
los soldados de Almanzor
que corren estas campanas
le prendieron?

Albar Ramírez — Señor, no;
prendióle el Rey de Navarra.

Rey — Pues el Rey, ¿cómo faltó
a la palabra?

Albar Ramírez — Y aún eso...

Rey — ¿Qué decís?

Albar Ramírez — No es lo peor,
sino que en Pamplona dicen
que le hicisteis prender vos.

Rey — ¿Yo al Conde, a quien debe tanto
mi reino?

Reina — Tened, que yo
soy quien prender hizo al Conde.

Rey — Decid, ¿por qué?

Reina — Porque dio
muerte a mi padre.

García Fernández — ¿Y es bien
que pueda decir León
que con la traición se venga
lo que se hizo sin traición?

Rey — ¿Yo había de prender al Conde
porque cuerpo a cuerpo dio
mi muerte a mi enemigo? ¿Es justo
que a quien reinos conquistó

y a quien me puso en la mano
el cetro te prenda yo?

Albar Ramírez

Si vuestra alteza no quiere
dar a Castilla el blasón
de ir a esta justa venganza
por general nuestro...

Rey

No
he de romper yo una paz
por vengar este baldón.

Albar Ramírez

Nuevo general tenemos.

Reina

Faltando el Conde, es error
pensar que habrá otro adalid.

Albar Ramírez

Él mismo, sí, vive Dios,
se ha de ir a vengar a sí;
el retrato que él dejó
suyo, por guarda y defensa
de vuestra ciudad de León,
a quien la diestra porfía
del buril perficionó,
saldrá a la lid con nosotros;
que aunque inanimado hoy,
vencerá, si, por ser suyo,
el enemigo escuadrón.

Rey

Pues yo tornaré las armas,
porque árbitro entre los dos,
le he de animar justamente
con mi acero y su bastón.

Reina — Yo irritaré al de Navarra.

Albar Ramírez — Y porque no haya infanzón
ni ricohombre de Castilla
que falte a la obligación
de su sangre, jurad todos
sobre la cruz del pendón,
en nuestro lenguaje antiguo,
ceremonia que dejó
puesta en uso el gran Pelayo
nuestro gran antecesor,
estas palabras: «Ramiro,
Rey de Asturias e León».

García Fernández — Los castellanos fidalgos,
no sandios, villanos non,
y de Castiella además
los ricoshomes de pro,
fablamos de aquesta guisa.

Albar Ramírez — ¿Juráis seguir el trotón
e la segura e retrato
en pos de nuestro campeón
el conde Fernán González?

Todos — Todos iremos en pos.

García Fernández — ¿Facéis somo aquesta cruz
pleitesía al señor Dios,
de non volver a Castiella
sin vuestro Conde e Señor?

Todos — Otro que tal, lo juramos.

Albar Ramírez — E ahora por el honor
del Reye, vos, la Teresa,
¿Jurades que non con vos
vueso velado hizo el tuerto,
la falsía e la traición?

Reina — Yo lo juro.

García Fernández — ¿El señor Reye,
non facíes jura, que non
contra nusco tomaredes
armes?

Rey — Homildoso estoy
cabe la cruz, cabalando
vuesa amistanza y mi amor,
con yusco también lo juro.

Albar Ramírez — Pues por el cielo y el Sol...

García Fernández — Por las estrellas, la tierra...

Rey — Por esa conforme unión
de elementos...

Reina — Y por ese
segundo hermoso farol...

Albar Ramírez — De non volver sin el Conde.

García Fernández — Sin vengar su sangre yo,
de non volver de Navarra.

Rey — De ser el que entre los dos

vaya a mitigar la guerra.

Reina — De ser quien le irrite yo.

Albar Ramírez — Pues veo...

García Fernández — Pues oigo...

Rey — Que todos
los que castellanos son...

Todos — Juramento lleváis fecho
somo la cruz del pendón,
de non volver a Castiella
sin el Conde, su Señor.

(Vanse.)

(Salen el Conde, Nuño y Octavio.)

Conde — ¿No quieres dejarme, Nuño?

Nuño — Señor, tú te quieres mal,
¿Sobre preso enamorado?
¿Los condes de cuando acá
se enamoran de esa suerte?

Octavio — ¿No son hombres?

Nuño — Si serán;
señora guarda de vista,
¿Quiérenos usted dejar?

Conde — Dame en que me siente.

Nuño — Toma.
Mire, señor guarda.

Octavio — Hablad.

Nuño — Mire, Conde enamorado
a todo ruedo, no le hay
en el mundo, sino mi amo;
buen siglo hayan, que si habrán
los dos condes de Carrión,
que a Elvira, la hermosa, atrás,
con cien azotes le hicieron
un lindo particular.

Conde — ¡Ay hermosa doña Sancha!

Nuño — ¿Señor guarda?

Octavio — ¿Qué mandáis?

Nuño — ¿Quiere dejarnos un rato?

Octavio — Soy mandado.

Nuño — ¿Y qué le dan
por guarda de vista?

Octavio — Danme
doce reales.

Nuño — Uno más
le dará el Conde, mi amo,
si a esotra pieza se va,

y si a otra, le dará dos,
y si a otra, tres le dará;
y, en fin, le iremos pagando
por piezas.

Octavio — Nuño, pensad
que este es mi oficio.

Nuño — Señores,
aun a este hombre ya le dan
doce reales por ser guarda;
mas cuando veo levantar
a las seis de la mañana
a un juez, no más de a ahorcar
a un hombre, por lo que a él
ni le viene ni le va;
y cuando veo de noche
rondando por el lugar
con todos a media pierna,
a otro juez a preguntar:
«¿Quién va a la Justicia? —Un hombre.
—¿Qué oficio? —Soy ganapán.
—¿Adónde carga? —En el vino.
—¿Dónde viene? —De cargar.
—A recoger noramala.»
Señores, ¿para mandar
que un ganapán no se moje
se va un juez a remojar?
Pero si es el bien común,
vaya; mas lo que me ha
de hacer perder el juicio
es, que suba un sacristán
a un púlpito por seis cuartos,
y aun estos no se los dan,

a excomulgar un linaje,
y empieza luego a ensartar
la maldición de Sodoma,
Gomorra, Avirón y Atán
caiga sobre ellos; no hallen,
si fueren a pedir pan,
quien se lo dé; vean sus hijos
y hijas sembradas de sal.
Perro, ¿por seis cuartos solos
te subes a excomulgar
a un ladrón, que porque calles
te dará dos cuartos más?

Octavio ¡Qué bien has dicho!

Nuño ¡Hay tal hombre!

Conde Cierto que he preciado más
en esta prisión tenerte
que si tú fueras mi igual
con ser un hombre tan bajo.

Nuño Muy buena honra me das.
n predicador de plazas
decía a todo vocear:
«Hijos míos, no soy vano,
más estimo predicar
a docientos picaritos
que oyéndome ahora estáis
que a príncipes y señores».
Y a esto dijo un azacán:
«Ni nosotros merecemos
que vuestra paternidad,
predique un sermón tan largo,

pudiendo ser la mitad».
Y todos los picaritos
se fueron pían, pían.
¡Quién pudiera hacer lo mismo,
porque así me honres!

Conde ¿Qué hará
la Infanta, Nuño, a estas horas?

Nuño Si hoy has de morir, rezar
porque te lleve el demonio.

Octavio Mientes.

Nuño ¿Quiéresme dejar?

Octavio Estará en este jardín
arrepentida quizá
de tu prisión, ensayando
en las flores que en él hay,
si las da libertad, cómo
ha de darte libertad.

Conde Mucho me has lisonjeado;
tú, Nuño, le puedes dar
la cadena que te di
que me guardases.

Nuño Andar.

Octavio ¡Gran tesoro he descubierto!

Nuño ¿Dices la cadena? ¿Ya
no se la diste a otra guarda?

Conde	No me acordaba, es verdad.
Nuño (Aparte.)	(Éste es gran señor, que no se acuerda de lo que da.)
Octavio	¡Ay, mi tesoro en el pozo!
Nuño	Como el gozo. ¿Fallará cadena que darle puedas? ¿No hay otra cadena?
Conde	¿Cuál?
Nuño	Esa que traes a los pies se puede ahora llevar, que vale un tesoro.
Octavio	Lindo.
Nuño	Mira más, ya que no hay cadena, a esto del tesoro tengo un cuento que le dar
Octavio	¿Es largo?
Nuño	Sí, pero es puerco; pero en el Palacio real lo puerco es lo colorado y lo amarillo no tal. Un sacristán de Jadraque tenía en solo un altar doce apóstoles pintados, y púsole a cada cual

una candelita un día
que los quiso cortejar;
pues a san Bartolomé,
que tenía a Satanás
a los pies, puso también
otra candelita más.

Octavio ¿Al diablo candela?

Nuño Sí;
y en esto no hizo mal;
a uno porque le haga bien,
y a otro porque no haga mal;
mas no es este el caso.

Octavio Siga.
Fuese a la noche a acostar
el sacristán a su cama:
durmióse, empezó a roncar,
y soñó que le decía
el diablo: «Porque me has
puesto candela, un tesoro
te he de descubrir que está
en un arenal; conmigo
ven a hallarle al arenal».
Soñó que allá llevaba,
y le dijo: «Aquí hallarás
el tesoro, cava aquí.
—No tengo con qué cavar».
El sacristán respondió:
«Pues pon alguna señal
para que mañana vuelvas.
—En todo el campo no habrá
una piedra, replicó.

—Pon una rama. —No la hay».
Dijo el sacristán. Y el diablo,
como no hallaba señal,
dijo: «Desatácate
y haz ahí tu necesidad».
El sacristán, con la gana
de hallarle, sin más ni más,
por no perder el tesoro,
empujó con gana, y zas.
Despertó por la mañana;
pero encontró al despertar
sembrado por los colchones
todo el tesoro cabal.

Octavio — Parece al de la cadena.

Conde — Quedo.

Nuño — ¿Qué dices?

Conde — Que han
abierto ya aquel postigo
que hacia el cuarto principal
de la Infanta, según dicen
las guardas, pienso que va...
¿Quién será?

Nuño — Será el verdugo.

Octavio — ¿Quién anda en la puerta?

Nuño — ¡Hay tal
guarda!

Conde — Sin duda es Ortuño.

Octavio — No es Ortuño.

Nuño — El Rey será.

Octavio — ¿Quién anda en la puerta?

(Salen doña Sancha y Violante.)

Doña Sancha — Yo.

Nuño — Abrióse de par en par
todo el cielo.

Conde — Ojos, albricias,
que he visto el arco de paz.

Octavio — ¿Vuestra alteza en la prisión?

Doña Sancha — Bien podéis solo dejar
al Conde, que así lo manda
el Rey.

Octavio — Si vos lo mandáis,
vuestro precepto obedezco.

Nuño — Voy contigo.

Doña Sancha — Y no digáis
que yo quedo en la prisión
a ninguno.

Octavio — Así será.

(Vanse.)

Doña Sancha — Tú, Violante, ten cuidado
no entre el Rey.

Violante — Iré a mirar
a tu cuarto si el Rey sale,
aunque ya sabes que está
recogido.

Doña Sancha — Vete presto.

Violante — Pues vuestra alteza podrá,
si por mí hace la fineza
de darle la libertad
y la vida...

Doña Sancha — ¿Qué?

Violante — Que él sepa
cómo por mí se la das.

(Vase.)

Doña Sancha — Harélo así. (Mal conoces
intento.)

Conde — Penas, dejad
que a toda el alma la avise
de lo que en mis ojos hay.

Doña Sancha — ¿Conde?

Conde ¿Señora? ¿Pues vos
por qué venís a doblar
la prisión, dejándoos ver?

Doña Sancha Antes os vengo a librar
de la prisión.

Conde ¿Qué decís?
Felice se llamará
quien goce de vuestro amor.

Doña Sancha Tened, no le agradezcáis
a mi amor lo que por vos
ha de hacer mi vanidad.
Conde, vos me hicisteis cargo
de que por mi causa estáis
preso en Pamplona.

Conde Es así.

Doña Sancha Pues porque nunca digáis
que ya que en esta hermosura
no hubo amor, que no hay piedad,
hidalga, aunque desdeñosa.
Con vos se ha atrevido a usar
de una hidalguía.

Conde Señora...
¿Cómo hidalga no será
una hermosura de quien
desciende la luz solar?

Doña Sancha Y es que esté libre por mí
el que preso por mí está.

Esta puerta de mi cuarto
está abierta, y no podrán
las guardas veros salir
cuando por ella salgáis.
El Rey está recogido,
a ese jardín os bajad
con silencio, donde en él
tenéis quien os quitará
las prisiones, y también
mis criados os irán
convoyando hasta la raya
de Navarra; mas pensad
que envío tras vos mi ira.
Y que en dándoos libertad
vuestra enemiga he de ser,
que ahora no pretendo más
de que si os prendió mi amor
que os libre mi vanidad.

Conde

La hidalguía os agradezco,
señora; pero pensad
que yo no me puedo ir.

Doña Sancha

¿Por qué?

Conde

¿Por qué? ¿Qué dirá
Castilla si ve que yo
amante, fino y leal
vine por vos, que de vos
vaya huyendo? Y glosarán,
que ha sido mi amor cobarde.
Pues de vos huye; y aun más
podrán decir, que os dejé
en el riesgo, sin mirar

que por darme a mí la vida
la vuestra peligrará.
Y aun más dirán, que vos fuisteis
la amante, pues me libráis,
y yo el desagradecido.
Pues huyendo os pago mal
pues si he de ser, por lo menos,
falso amante, si no hay
quien no diga, aunque más sea,
que me quiera disculpar,
que doy señal de cobarde
y de ingrato doy señal;
aunque os debo agradecer
la hidalguía, perdonad,
que con vos tengo de ir
o con vos he de quedar.

Doña Sancha

En lo que toca a mi riesgo,
¿Qué me puede a mí costar
daros libertad a vos?
Por vuestra vida, mirad
que el Rey quitárosla quiere;
y habiendo cumplido ya
mi obligación, no podéis
quejaros; y mal podrá
cumplir la razón mañana,
la que hoy la ocasión os da.

Conde

Diz que estaba un arroyuelo
amando a la aurora fría,
y la aurora le tenía
preso en la cárcel del hielo
darle intentaba consuelo
desatándola de sí,

y el arroyo dijo así:

«Aurora, déjame helado,
pues mientras estoy parado
estoy gozando de ti.
La libertad no me des
Aunque me hayas de matar,
dijo, puesto que en el mar
tengo de morir después».

Lo mismo, Señora, es
lo que acontece a mi suerte
si está mi vida o mi muerte
en quedarme o en dejarte,
Muera de solo mirarte
quien morirá de no verte.

Doña Sancha

Y la aurora dijo así:
«Vete, arroyo, que dirás,
si no te libro, que estás
aprisionado por mí;
en llegando al mar, de allí
otra vez podrás volver,
que ahora no he de agradecer
esa forzada pasión,
y así te doy ocasión
de volver a merecer».

Conde

Si eso está en que me he de ir,
no he de irme.

Doña Sancha

Si eso está
en que agradezca que vos
os quedéis, no lo creáis.

Conde ¿Es más esto de que vos
me aborrecéis?

Doña Sancha No, no es más.

Conde Pues a mí para no irme
bastante es saber amar.

Doña Sancha Pues yo haré que os vais por fuerza.

Conde ¿De qué suerte?

Doña Sancha Así será.
¿Violante?

(Sale Violante.)

Violante ¿Qué es lo que mandas?

Doña Sancha A Fabio y Alberto haz,
pues para llevar al Conde
prevenidos quedan ya,
que entren por fuerza y le lleven.

Conde También otro medio hay
para quedarme por fuerza.

Doña Sancha ¿Cuál es?

Conde Ahora lo verás
guardas, que la Infanta hermosa
me quiere dar libertad
avisad al Rey.

Doña Sancha Espera.

Conde Mas con condición será
que a Alberto ni a Fabio llames.

Violante Conde, ¿por qué no te vas?

Conde Porque tengo aquí mi vida.

Violante La que adorándote está
sabrá buscar ocasiones
de buscarte.

Conde (Aparte.) (¡Aquesto más,
cielos!)

Doña Sancha ¿Conde?

Conde ¿Qué decís?

Doña Sancha En fin, ¿os determináis
a quedaros?

Conde En quedarme
mi muerte y mi vida está.

Doña Sancha Pues nunca os quejéis de mí.

Conde Nunca el llanto excusará
la queja.

Violante No te han sentido
las guardas, a tiempo estás.

Conde — Hará mucho ruido el alma
al irse.

Doña Sancha — Iras, pues ya
no podéis de mi dolor
ni de mi venganza usar...

Violante — Amor, si por no dejarme,
de la prisión no se va
el Conde...

Conde — Pues que la Infanta
se irrita de mi verdad...

Doña Sancha — Iras, no os volváis amor.

Violante — Amor mío, no os volváis
desdichas.

Conde — No os volváis ira,
constancia mía.

Violante — A llorar,
quejas.

Conde — Penas, a sentir.

Doña Sancha — Ojos, a disimular.

Violante — ¡Gran fineza!

Doña Sancha — ¡Grande amor!

Conde ¡Cielos, no tanta crueldad!

Fin de la segunda jornada

Jornada tercera

(Salen don García y Violante.)

Don García — ¿Qué hace mi hermana?

Violante — Señor,
las graves melancolías
que ha padecido estos días,
hoy con el primer albor
la han traído a estos jardines,
donde nacen más hermosas
con dos auroras las rosas,
con dos soles los jazmines;
si bien tristes sus rigores
dan en callados alientos
más suspiros a los vientos
que matices a las flores.

Don García — Mucho me pesa de que
tanto su rara belleza
se avasalle a una tristeza;
pero supuesto que sé
la causa de que ha nacido,
procuraré remedialla,
que aunque ella padece y calla
no soy tan inadvertido
que no lo colija yo
de sus afectos; y así,
trataré aliviarla. Di,
¿qué verde estancia ocultó
el luciente Sol divino
de su hermosura?

Violante — No sé
hacia cuál mirador fue;
mas que es fácil imagino
seguirla, porque con ella
va Flora; y la dulce voz
con que suspende veloz
los vientos, vocal estrella
será con dulce armonía
de su luz.

Don García — No es la primera
vez, que dé la lisonjera
música, nuevas de el día.
Retírate, porque quiero,
puesto que de su pasión
digo que sé la ocasión,
hablarla en ella, y espero,
si no vencerla, aliviarla.

Violante — ¡Ay de mí! ¿Qué es lo que he oído?
El Rey dice que ha sabido
por más que padece y calla
la ocasión de su tristeza;
duélase el cielo de mí
¡Con cuantos temores lucho!

(Vase.)

Don García — ¿Por dónde? Pero ya escucho
la música desde aquí.

(Salen doña Sancha y Flora.)

Flora (Canta.) — «No ha de ser en el rigor

de aquesta prisión oscura,
bello prodigio de amor,
más hidalga tu hermosura
que constante tu valor.»

Doña Sancha — ¿Cuya es esa letra, Flora?

Flora — Quien la compuso no sé;
a una guarda la escuché
del Conde; y viendo, Señora,
que era tan ocasionada
para la música, yo
la puse en tono.

Doña Sancha — Pues no
sea de ti pronunciada
otra vez; pero mal digo:
vuélvela, Flora, a cantar,
que mejor es apurar
cuanto puedo yo conmigo.

(Canta Flora y doña Sancha lo repite.)

Flora — «No ha de ser en el rigor»

Doña Sancha — No ha de ser en el rigor

Flora — «De aquesta prisión oscura»,

Doña Sancha — De aquesta prisión oscura,

Flora — «Bello prodigio de amor»,

Doña Sancha — Bello prodigio de amor,

Flora «Más hidalga tu hermosura»

Doña Sancha Más hidalga tu hermosura

Flora «Que constante tu valor».

Doña Sancha Que constante tu valor.
Si ha de ser, pues yo... Mas ¿quién
estaba aquí?

Don García Quien oyendo
tan dulcemente acordados
letra, tono e instrumento,
interrumpirlos no quiso;
por si acaso su silencio
ser pudiere parte a que
diviertas tus sentimientos.

Doña Sancha Señor, ¿vuestra majestad
tanto a mis penas atento?
(Aparte.) (¡Ay de mí, si hizo reparo
en el que yo hice a los versos.)

Don García ¿Cuándo no lo estuve yo
a tu gusto?

Doña Sancha ¿Y es lo mesmo?

Don García Sí, que una razón milita
en el contrario argumento;
pues sentirá tus tristezas
quien estima tus contentos.

Doña Sancha
Guarde a vuestra majestad
felices años el cielo,
que ya sé que en gusto y pena
siempre es su amor uno mesmo.

Don García
Él sabe cuanto estimara
poder, Sancha hermosa, a precio
de mi alma, de mi vida,
de mi honor y de mi reino,
aliviar de tus tristezas
la causa; pero no puedo
ayudar más que a sentirlas,
mayormente cuando veo
que ellas son tales, que tienen
por imposible el remedio.

Doña Sancha
¿Por imposible?

Don García
Sí, pues
no pueden dejar de serlo
sabiendo yo de qué nacen,

Doña Sancha
(Aparte.)
(¡Ay de mí, si mis afectos
me han vendido pronunciando
la causa con que los siento!)
No presumo, yo, Señor,
que sea imposible, viendo
que a vos nada hay imposible.

Don García
Si hay, Sancha, que conociendo
de qué tus penas proceden,
poder contra ellos no tengo.

Doña Sancha ¿Pues de qué presumes, di
(¡Corazón, salid al riesgo!)
que pueda nacer de mí
esta fiera pasión?

Don García De eso.
Tú, Sancha, de la prisión
del Conde estás triste.

Doña Sancha ¡Cielos!
¿Qué escucho?

Don García Porque quisieras
ver logrados tus intentos.

Doña Sancha
(Aparte.) (¡Ay de mí, todo lo sabe!)

Don García Dándole...

Doña Sancha
(Aparte.) (Hoy sin duda muero.)

Don García Tu valor...

Doña Sancha
(Aparte.) (¡Ay infelice!)

Don García Y tu bizarría...

Doña Sancha ¿Qué espero?

Don García La muerte; y viendo que tarda
la venganza, los extremos

han dado en esta tristeza,
por no ver ya al Conde muerto.

Doña Sancha

Es así (¡vivamos alma!)
que todos mis sentimientos
son, que dure en la prisión;
y si la verdad confieso,
el no verle salir della
a fin de lo que deseo,
que es ostentar mi valor,
es, Señor, lo que más siento.

Don García

Una y mil veces tan noble
rencor, Sancha, te agradezco;
pero los inconvenientes
que se me ponen en medio
del todo imposibilitan
mi venganza y tu deseo.

Doña Sancha

¿Cómo, Señor, otra dicha?

Don García

Como ya Castilla, haciendo
alarde de sus finezas,
toda ya en armas se ha puesto,
y contra Navarra viene
con tan numeroso estruendo
que a esta ficción no perdona
mujeres, niños y viejos.
Tan extraña es la lealtad
de sus vasallos, que han hecho
pleitesía y homenaje
de no volver a su centro
sin llevar su Conde vivo
o sin fincar todos muertos.

A cuya causa, porque
nunca les arguya el tiempo
que obedecieron a quien
no fuese natural dueño,
una estatua suya traen
por su general, haciendo
leal ceremonia de que
él los gobierna, y atentos
al no mudado semblante
las órdenes que el Consejo
distribuye, dél las toman,
engañándose a sí mesmos
como que es veneración
hablarles con el silencio.
García Fernández, sobrino
suyo, el alma es deste cuerpo,
pues como intérprete fiel
lo pronuncian los acentos;
de quien es Albar Ramírez
nobilísimo escudero
de su casa y de su sangre
el principal instrumento.
Árbitro de aquestas armas
el rey de León, haciendo
protestas de que en el trato
no fue cómplice, se ha puesto,
si no va de parte suya,
sospechoso por lo menos
para conmigo; y así
marcha siempre a vista dellos
con su ejército, y aunque
dice que a ponerse en medio,
aquesto de ser Castilla
feudataria suya, temo

que en obligación le ponga
de mantenerla en su feudo.
De suerte, que viendo cuánto
está apurado y deshecho
de tantas pasadas lides
todo este navarro reino,
es fuerza que en atención
me ponga de cómo puedo
embarazar a Castilla
el paso contra su esfuerzo,
ni dar a León razones
que honesten las que yo tengo.
Si a sangre fría le doy
muerte al Conde, será cierto
que he de irritar contra mí
a todo el orbe, que atento
a tan gran facción, está
pendiente de mis intentos.
Si le pongo en libertad,
dirán que de infame miedo
aconsejado, dejé
de vengarme; y así, en medio
de su lealtad y mi agravio
no sé lo que me resuelvo,
y más oyéndote a ti,
que eres por quien más lo siento.

Doña Sancha

Bien te acordarás, Señor,
que el felice día primero
que de Navarra ceñiste
el sacro laurel y cetro,
fui la primera también
que irritando tus alientos,
te dispuse a la venganza

contra Castilla, poniendo
delante allí de tus ojos
cuantas razones pudieron
pronunciadas del valor
ayudarse del ingenio.
Pues yo la misma que entonces
te animé más, conociendo
cuanto es preciso vivir
a la obediencia del tiempo,
ahora contra mí misma
segundas causas alego
que borren de tu memoria
aquellas primicias, puesto
que no hay política como
saber trocar los afectos.
Si habló entonces mi dolor
llevado del sentimiento,
hable la razón ahora,
sin tocar en dos defectos
de mudable, pues no hay
en bueno ni en mal suceso
consejo tan acertado
como mudar de consejo.
Tú no puedes a Castilla
embarazar los alientos;
tú no puedes a León
cómplice hacer a tu duelo,
ni satisfacer al mundo,
fundando en justo derecho
la venganza; pues hagamos
virtud en tan grande empeño
hoy de la necesidad,
tomando por buen acuerdo
dar la libertad al Conde

con el público pretexto
de que ya queda vengado
quien no se venga pudiendo,
que si esto haces antes que
tanto militar estruendo
de cajas y de trompetas
llegue a los oídos nuestros,
ninguno podrá decir
que te obligaron a hacerlo
ajenas armas.

Don García

Detente,
No prosigas, que aunque vengo
a consultar mis desdichas,
no a resolverlas tan presto.
Bien pensé yo en tu valor,
en tu bizarría, en tu aliento,
hallar apoyo a una acción
que acá reservada tengo.
Pero viendo cuan de parte
ya de la piedad te has puesto,
sin que lo sepas, sabré
ejecutarla, poniendo
entre el rencor y la duda
tan proporcionados medios,
que disculpado y vengado
me dejen a un mismo tiempo.

Doña Sancha

No, Señor, porque hayas visto
templado en mí aquel incendio
de mi cólera, presumas
que ha sido más que un esfuerzo,
que hipócrita el corazón
hizo, pues volean del pecho,

aunque se cubra de nieve,
guarda el volcán acá dentro:
la razón de Estado fue
la que...

Don García
Basta, que no quiero
que las razones de Estado
te prevariquen tan presto.
Y pues yo, como te dije,
tengo modo con que a un tiempo
para todos disculpado
y para mí satisfecho
pueda quedar: le sabré
conseguir, a cuyo efecto
si vieres al Conde libre
de su prisión, o a lo menos
de su prisión aliviado,
no presumas que lo ha hecho
tu presunción, pues es solo
fingido afectado miedo
de dar a entender que he dado
oído a los muchos ruegos
de los príncipes de Europa;
y congraciado con ellos,
conseguir para conmigo
la ejecución de un veneno,
porque no pueda Castilla
ahora, ni en ningún tiempo,
blasonar de que cobró
a su Conde sino muerto.

(Vase.)

Doña Sancha
¡Válgame Dios! ¡Qué de cosas

pasan por mí! ¿Cómo, cielos,
en tanto número puede
resistir el pensamiento?
Ahora bien, solos estamos,
corazón, pues apuremos;
¿Cómo puede ser posible
que sea capaz la esfera de un pecho
de tres tan contrarios distintos afectos?
El primero que de mí
se apoderó injusto dueño
de mi vida, fue el rencor,
monstruo tan sañudo y fiero
que obstinadamente altivo,
porfiadamente violento,
solo pudo aconsejarme
iras y aborrecimientos.
¿Qué señas son estas? ¿qué sombras? ¿qué lejos
de quien en un punto me obligo y me ofendo?
¿Qué pasión es esta?

(Sale Violante.)

Violante — Amor...

Doña Sancha — Mientes; ni es, ni puede serlo.
¿Qué es amor?

Violante — ¿De qué, Señora,
te has disgustado? ¿Qué es esto?

Doña Sancha — De que me hayas dicho amor
pudiendo decirme celos.

Violante — No te entiendo.

Doña Sancha No te espantes,
que yo tampoco me entiendo;
mas di, ¿qué ibas a decir?

Violante Amor (perdone el respeto,
que sabiendo tú que es mío
también sabrás que es honesto)
Me trae a echarme a tus plantas
agradecida en extremo
a la fineza que hoy
por mí con el Rey has hecho,
pues claro está que haber él
a tus razones atento
mandado aliviar las guardas
al Conde, y que a aquestos bellos
jardines pueda salir
es de tu piedad efecto.

Doña Sancha Si tú lo supieras más,
tú me lo estimaras menos.

Violante ¿Por qué?

Doña Sancha Porque no es piedad
ni del Rey ni mía.

Violante Supuesto
que no lo sea, Señora,
¿De qué es?

Doña Sancha O no sé, o no quiero,
que es demasiado apurar
mi decoro o mi respeto

hablar tan a todas horas
conmigo en tu amor, y puesto
que yo he llegado a cansarme
de tan licencioso y necio
estilo, no me hables más
en toda tu vida en esto.

Violante

¿De qué, Señora, te ofendes?

Doña Sancha

De nada y de mucho; pero,
o mucho o nada, Violante,
basta saber que lo siento.

(Vase.)

Violante

¿Qué novedad (¡ay de mí!)
es la que con tal pesar
a Sancha pudo obligar
para que me hablase así?
Quién a su prisión por mí
a darle la vida entró;
quién por mí triste salió
de ver que él no la aceptase;
quién por mí... pero no pase
con este discurso yo
adelante, que es error
viendo ya el Conde el recelo.

(Salen el Conde y Nuño.)

Nuño

Vive Dios, que se está el cielo
de aquella misma color
que le dejamos, Señor.

Conde ¿Creerás que no es para mí
de gusto ver su luz?

Nuño Sí,
que quien la puerta tenía
franca y no se iba, debía
de hallarse bien.

Conde Es así;
no tanto, Nuño, por mí,
porque menester no había
más luz quien a ver llegó
en el oscura aspereza
de su prisión la belleza
de Sancha.

Nuño Y yo que no veía
ni esa luz ni la del día,
¿Qué haría sin ver el cielo?

Conde Dar tu lealtad al consuelo
de que conmigo morías.

Nuño Muy lindo consuelo creo
que es el que me das a mí.

Violante Venturosa yo que vi
logrado, Conde, el deseo
de verte donde te veo.

Conde Más venturoso, Violante,
será quien firme y constante
ha logrado la ventura
de idolatrar tu hermosura.

Violante ¡Cuanto a un corazón amante.
Conde, tu vida debió!

Conde ¿De qué suerte?

Violante Escucha.

Conde Di.

(Sale doña Sancha.)

Doña Sancha Violante, vete de aquí
que mejor lo diré yo.

Violante ¿Pues qué?

Doña Sancha No prosigas, no,
donde estoy, no haces ahora
falta.

Violante ¿Quién mi muerte ignora?

Nuño Violante, juego mayor
dicen que quita menor.

Doña Sancha ¿Pues no te vas?

Violante Sí, Señora.

(Vase.)

Doña Sancha Aunque debiera estimar
aquesta breve ocasión

que me da vuestra prisión
para poderos hablar,
no os tengo, Conde, de dar
parabién, porque no es bien
daros a vos parabién.
Sino a mí, pues llegué a hallarme
adonde pueda quejarme.

Conde ¿Vos quejaros?

Doña Sancha Sí.

Conde ¿De qué?

Doña Sancha De quien tan desvanecido,
idolatra de su honor,
desprecio hace del favor
y de la fineza olvido.

Conde Si aquesa mi culpa ha sido,
o tarde o nunca podré
hallar disculpa.

Doña Sancha ¿Por qué?

Conde Porque hay linajes de culpa
que es gala el no hallar disculpa.

Doña Sancha Ni entiendo, Conde, ni sé
que sea gala deslucir
finezas.

Conde Mal puede ser
deslucir y agradecer.

Doña Sancha ¿Y es agradecer huir
el rostro a no recibir
beneficios?

Conde Sí, Señora.

Doña Sancha ¿Cómo?

Conde Repitiendo ahora
lo que antes dije.

Doña Sancha ¿Y qué
lo que antes dijiste fue?

Conde Lo que os ha cantado Flora:
«Que no porque sea en favor
de mi impensada ventura
hidalga vuestra hermosura,
ingrato ha de ser mi amor.»
Y aun otra causa hay mayor.

Doña Sancha ¿Mayor?

Conde Sí.

Doña Sancha ¿Cuál pudo ser?

Conde Esta dicha de volver
a veros, pues si me hubiera
ido entonces, no pudiera
volveros ahora a ver.
A dos peligros rendida
se mira mi infeliz suerte,

irme y quedarme es mi muerte,
quedarme o irme es mi vida;
luego si la veo perdida
a un tiempo a los dos aceros
de quedarme y de no veros
pudiendo muerte elegir,
¿Cuanto mejor es morir
de veros que de no veros?
Si el irme me ha de costar
la vida, ausente de un bien,
y si el quedarme también,
porque me le han de quitar,
¿De qué me sirve estorbar
que un golpe al otro dilate,
sino que matarme trate
ajena mano, pues no
es justo el matarme yo
porque otro no me mate?
Y fuera de esto, no en vano
otra razón mi amor tiene.

(Sale Violante.)

Violante — Señora, tu hermano viene.

Doña Sancha — Idos, que viene mi hermano.

Conde — Yo no le veo.

Nuño — Y es llano
que en todo el jardín entró.

Violante — A mí me lo pareció.

Doña Sancha

Vuélvete, y de aquí adelante
no te parezca, Violante,
lo que no mandare yo.

Violante

Celosa de tu rigor
vine a avisar presurosa.

Doña Sancha

Ya veo que vienes celosa.

Nuño

Violante, juego mayor...

Violante

¡Hay tal pena! ¡Hay tal rigor!
¿Qué es lo que pasa por mí?

(Vase.)

Nuño

Pidió un morillo baharí
una esclava singular,
y dijo el Rey: «No ha logar,
que quererla para mí».

Doña Sancha

Sepa yo qué otra razón
es, Conde, la que tenéis
para que preso os quedéis
viendo abierta la prisión.

Conde

Resultar la presunción
contra vos, y fuera impío
desaire de mi albedrío
que en el noble duelo nuestro
no viese yo el riesgo vuestro
y vestidas vos el mío.

Doña Sancha

Pues para que no quedéis

vano de quedar mejor.
Sabed que ahora en mayor
peligro que nunca os veis:
la licencia que tenéis
para haber llegado aquí
no es por mejor.

Conde ¿Como así?

Doña Sancha ¡Cómo! ¿Más decirlo yo,
Conde, no basta?

Conde Sí y no.

Doña Sancha ¿De qué manera no y sí?

Conde Sí, porque vos lo decís;
no, porque yo no lo creo,
atento al noble deseo
con que a librarme venís.

Doña Sancha Pues, vive Dios, si no os vais...
Mas baste esto entre los dos;
Idos, Conde, idos con Dios
aquesta noche.

Conde Si haré,
con una condición.

Doña Sancha ¿Qué?

Conde Que os vengáis conmigo vos.

Doña Sancha ¿Partidos pedir procura

quien ve su vida perdida?

Conde — Sí, que no es salvar mi vida
condenar vuestra hermosura.

Doña Sancha — Ved que el Rey os asegura
para... pero no prosigo;
idos, pues, que yo os lo digo.

Conde — ¿Mandáislo vos? Yo me iré,
con otra condición.

Doña Sancha — ¿Qué?

Conde — Que os he de llevar conmigo.
Y, en fin, para que los dos
vanamente no gastemos
el tiempo que no tenemos,
yo vine, Sancha, por vos,
sin vos no he de irme, por Dios,
que esto de guardar mi vida
de tan hermoso homicida
es poco riesgo; porque,
¿Cuándo en mi vida podré
perderla más bien perdida?
¿Sin responderme volvéis
la espalda? ¿Aun no me miráis?
¿Suspiros al viento dais?
¿Llanto a la tierra ofrecéis?

Doña Sancha — En fin, Conde, ¿no queréis
iros?

Conde — Sí, mas no sin vos:

¿No respondéis?

Doña Sancha — Mal los dos
nos detenemos hablando;
yo daré respuesta.

Conde — ¿Cuándo?

Doña Sancha — A la noche, adiós.

(Vase.)

Conde — Adiós.
Nuño, ¿qué es esto?

Nuño — Señor,
Esto, si se considera,
es que Sancha...

(Sale Violante.)

Violante — Aguarda, espera,
que yo lo diré mejor.

Nuño — Si hará, que juego mayor...

Violante — esto es ser soberbio, vano,
mal caballero y villano,
pues a quien os quiso bien...

(Sale doña Sancha.)

Doña Sancha — Violante, conmigo ven,
mira que viene mi hermano.

Violante Yo no lo veo.

Doña Sancha Yo sí,
y de su rigor celosa,
vengo a avisar presurosa;
verte, Violante, tras mí:
y vos, Conde, idos de aquí.

Violante (Aparte.) (¡Quién vio más fiero rigor!)

Nuño Violante, juego mayor...

Conde ¡O si ya en la noche oscura
la más hidalga hermosura
viese el más constante amor!

(Vanse.)

(Salen Albar Ramírez, García Fernández y soldados con un retrato del Conde.)

Albar Ramírez Suenen en esta parte
destempladas las músicas de Marte
con funesta armonía,
haciendo salva al trasponer el día
al Ebro, en cuya playa
parte jorisdiciones esa raya
de Navarra y Castilla,
acuartelando en su desierta orilla
el ejército todo.
Castellanos, oíd, que deste modo
lo manda nuestro Conde,
por la voz que su oráculo responde.

García Fernández — Haced alto, soldados,
y en la margen del Ebro acuartelados
velad la noche y esperad el día.

Soldados — ¿Quién nos lo manda?

García Fernández — ¿Quien mandar podía,
ilustres castellanos,
heroicos pechos, dignamente vanos,
que su Conde no fuese?

Soldado I — ¿De manera
que tú dices por él lo que él dijera
si se hallara presente?

García Fernández — Claro está, que yo soy tan solamente
una voz que sus órdenes os labra.

Soldado II — Pues haced alto, y pase la palabra.
Este es el sitio donde
el cuartel de la corte para el Conde
prevenido tenemos.

Albar Ramírez — Ya que ceremoniosos los extremos
de la gran lealtad nuestra
hacen con su retrato noble muestra
de nuestro honor altivo
lo que con él hiciera estando vivo,
antes que se retire en esa mansa
estancia a persuadirnos que descansa
de prolijos cuidados,
llegad, tomad sus órdenes, soldados.

Soldado I — Yo por el nombre vengo

ya que a mi cargo distribuirle tengo.

García Fernández — San Pedro, y sea contraseña
san Pedro de Cardeña.

Soldado II — ¿Qué orden das a las guardas?

García Fernández — Que dobladas
las postas, por el campo derramadas
estén tal, que una a otra se responda;
la ronda vele, y sea sobreronda
Albar Ramírez esta noche entera,
dando una vuelta y otra a la ribera.

Soldado III — Por el orden tu ejército me envía.

García Fernández — El orden es que al despuntar el día
amanezcan formados
todos los escuadrones, y que osados
con altivez bizarra,
talando entre los campos de Navarra;
en ella desde luego
publicando la guerra a sangre y fuego.

Todos — Viva tu fama altiva.

García Fernández — No, soldados, decid que el Conde viva.

(Cúbrese la tienda y García Fernández.)

Albar Ramírez — Ya que a mí me ha tocado
la sobreronda, vele mi cuidado
sin que un breve, un pequeño
término de la noche rinda el sueño.

¡Qué oscura! ¡Qué medrosa!
¡Qué triste! ¡Qué cruel! ¡Qué pavorosa!
¡Trémulamente baja
envolviendo en la lóbrega mortaja
de sus sombras las señas,
de campos, ondas, árboles y peñas!
Va en profundo silencio sepultado
el ejército yace sin cuidado,
solo porque la vela
la atención de una y otra centinela.
¡Oh humana confianza!
Poca seguridad tu vida alcanza,
pues tantos duermen con descuido incierto,
en fe de que uno solo está despierto.
Mas, ¿qué es aquello?

Soldado I — Muda nos pregona
la noche que al camino de Pamplona
hay gente en lo intrincado y escondido.

Albar Ramírez — De montados caballos es el ruido,
pues tascan repetidas
coscojas y alacranes, de las bridas.
Venid todos conmigo,
quizá gente será del enemigo,
puesto que a aqueste lado
caballería nuestra no ha llegado.

Soldado II — Todos te seguiremos.

Albar Ramírez — La vuelta por detrás dellos tomemos,
porque viendo ocupada
la avenida no tengan retirada,
si acaso, como digo,

tropa avanzada es del enemigo;
y advertid que conviene
más ahora prenderlos que matallos.

(Vanse.)

(Salen el Conde, doña Sancha, Nuño.)

Conde

Mientras toman aliento los caballos,
aquí, desempeño noble
de cuantas bellezas, cuantas
hermosuras padecieron
el sobrenombre de ingratas,
podrás descansar segura,
ya que aquí troncos y ramas,
segunda noche, del viento
con dos defensas nos guarda.

Doña Sancha

Ya, Conde, habemos llegado,
según decís, a la raya
de Castilla.

Conde

Sí, Señora;
que en esa línea de plata,
vasallo el Ebro dos veces
las dos coronas aparta.

Doña Sancha

¡Gracias al cielo que pongo
en vuestra tierra las plantas!

Conde

¡Que fuera de todo el orbe
corona, para ilustrarla,
quisiera yo!

Nuño (Aparte.) (¡Jesucristo!
¡Qué plática tan cansada!
Luego me estuviera yo hecho
hecho Conde de demandas,
hallándome en un campito
con una señora Infanta!)

Doña Sancha Quiero darme por vencida
en cuestión tan cortesana,
por lo bien que a mí me está
haber sido siempre amada
sin ser nunca aborrecida.

Conde Testigos son estas altas
peñas del gusto con que
a ellas llegué, en confianza
de vuestro amor, cuando Ortuño
dellas salió de emboscada.

Nuño Y aun ahora, vive Dios
si no es que el miedo me engaña,
me parece que te veo
cercado de gente y armas.

(Salen Albar Ramírez y soldados.)

Albar Ramírez Mientras yo los reconozco
tomad todos las espadas.

Doña Sancha Y es verdad que hacia nosotros
se acercan.

Conde ¿Qué, te acobardas?
Ponte en un caballo de esos,

que yo mientras tú te escapas
les saldré al paso.

Doña Sancha — ¿Qué importa
vivir yo si tú me faltas?

Albar Ramírez — ¿Quién va?

Conde — Amigos.

Nuño — Y harto amigos.

Conde — Caminantes son que pasan.

Albar Ramírez — ¿De Navarra o de Castilla?

Nuño (Al Conde.) — Si castellano te llamas
es dar otra seña más
de quién eres.

Albar Ramírez — ¿Pues qué aguardan?
¿Son navarros?

Conde — Sí lo somos.

Albar Ramírez — Pues las vidas o las armas
rendid.

Nuño — Por ser castellanos
otra vez en esta estancia
nos prendieron.

Albar Ramírez — Pues ahora
por ser navarros.

Nuño: ¡Mal haya
quien no fuere turco otro
día si por aquí pasa!

Albar Ramírez: ¿Qué esperáis? Armas o vidas
rendid.

Conde: No están enseñadas
a rendirse las que yo
traigo al lado.

Nuño: ¡Pesia mi alma!
Las que yo traigo no están,
desde que a la escuela andaba
enseñadas a otra cosa.

Albar Ramírez: En vano es vuestra arrogancia,
las vidas tenéis seguras
si os dais a prisión.

Nuño: ¿Qué aguardas?
Date, Señor, a prisión,
que no faltará otra Infanta.

Conde: ¿Yo a prisión?

Albar Ramírez: Sí.

Conde: ¿A quién?

Albar Ramírez: Al Conde
de Castilla.

Nuño ¡Linda chanza!

Conde ¿A qué Conde de Castilla?
(Sin vida estoy.)

Albar Ramírez Yo sin alma.

Conde Si el Conde está preso...

Albar Ramírez Al Conde
que hoy nos gobierna y nos manda.

Conde Pues ¿cómo Castilla tiene
Conde, y a su sangre hidalga
pudo en ningún tiempo...

Albar Ramírez Éste
no lo es de réplicas tantas;
llegad, prendedles.

Conde Mirad
que soy...

Albar Ramírez Tapadles las caras.

(Llegan por detrás y véndanlos los ojos.)

Doña Sancha Escuchad antes.

Albar Ramírez Ponedles
sobre los rostros las bandas.

Nuño Lacayo soy de tejón,
no caballo de lanzada.

Albar Ramírez — Porque amaneciendo ya
no pueda la luz del alba
el número descubrirles
de todas nuestras escuadras,
conociendo de qué modo
o se acuartelan o marchan,
venid con ellos cubiertos
donde el Conde nos aguarda.

Soldado I — Ya su tienda desde aquí
nos descubren estas ramas.

Albar Ramírez — ¡Ah de la tienda real
de nuestro Conde!

García Fernández (Dentro.)

¿Quién llama?

(Sale García Fernández.)

Albar Ramírez — Quien a tu orden obediente
descubriendo la campaña
toda aquesta noche, trae
prisioneros de Navarra
de quien puedas tornar voz
en cuanto dispone y traza.

García Fernández — Descubrid algunos dellos,
¡ya que el día se declara,
para que sepamos dél
sonde su Rey nos aguarda.

Albar Ramírez — Prisionero, a quien trajeron

aquí tus fortunas varias,
éste es de Castilla el Conde,
llega y échate a sus plantas.

Conde — ¿Quién es conde de Castilla?
¿Quién os gobierna?

García Fernández — Esta estatua,
que yo no soy más que solo
voz suya que por él habla.

Conde — Pues yo me rendiré a ella,
ya que mis fortunas trazan
que yo con alma y con vida
a mí sin vida y sin alma
me rinda.

García Fernández — ¡Cielos! ¿Qué miro?
Danos, gran Señor, tus plantas.

Conde — Esperad, que aunque quisiera
daros a todos las gracias
de igual fineza, primero,
porque hay otra circunstancia
(y porque no pierdan tiempo
obligaciones tan altas)
que a mí os habéis de rendir
a mi esposa doña Sancha,
(Tocan.) que es a quien debo la vida.
Pero ¿qué trompas y cajas
en dos partes divididas,
asustan estas campañas?

García Fernández — El Rey de León es éste

que siempre a la vista marcha
de nuestro ejército.

Albar Ramírez — Esotro
es el gran Rey de Navarra,
que con la gente que pudo
seguirle, viene en demanda
tuya, y los dos igualmente
parece que se adelantan.

García Fernández — Pues para que los recibas
como dueño destas armas,
toma el bastón, que en tu nombre
regi, gobiérnalo y manda.

(Salen por una puerta el Rey y soldados, y por otra don García y Violante.)

Don García — ¡Ha del campo de Castilla!

Rey — ¡Ha de su nobleza hidalga!

Conde — Rey Ramiro de León,
García, Rey de Navarra,
¿Qué es lo que a Castilla quieres?
¿Qué es lo que a su Conde manda?

Rey — Yo, Conde, viéndole libre,
nada ya, porque mis armas
solo a componer venían
de tu peligro la causa,
dando así satisfacción
al mundo de que culpada
no fue mi intención, pues solo
fue la Reina quien lo traza.

Don García — Yo, viéndote libre, vengo
a darte muerte en venganza
de haber con traición robado
de mi palacio mi hermana,
de quien aviso me dio
Violante, que me acompaña.

Conde — A ti, Señor, te agradezco
el intento con que marchas,
y cómo tu feudatario
humilde besó tus plantas.
Y a ti agradezco también,
no que este pretexto traigas,
sino el poder disculparme
en la acción de que te agravias
si tú a tu hermana me ofreces
y con ese fin me llamas,
¿De qué te puedes quejar
de que me lleve a tu hermana?

Don García — De que ella contra mi gusto...

Doña Sancha — Eso me toca a mí, aguarda
si tú, contra el gusto mío,
con él, gran Señor, me casas,
¿No es más lisonja que ofensa
cumplirle yo tu palabra?
Yo soy esposa del Conde.

Don García — Con eso ya ¿qué venganza
pueden tener mis ofensas?

Violante — Ni mi amor ya, ¿qué esperanza?

Rey — Ni ya mis armas, ¿qué acción?

Albar Ramírez — Ni Castilla, ¿qué más fama?

Nuño — Para que enojos y quejas
acaben adonde acaba
«la mas hidalga hermosura»,
perdonad sus muchas faltas.

Fin de la comedia

Libros a la carta

A la carta es un servicio especializado para
empresas,
librerías,
bibliotecas,
editoriales
y centros de enseñanza;
y permite confeccionar libros que, por su formato y concepción, sirven a los propósitos más específicos de estas instituciones.

Las empresas nos encargan ediciones personalizadas para marketing editorial o para regalos institucionales. Y los interesados solicitan, a título personal, ediciones antiguas, o no disponibles en el mercado; y las acompañan con notas y comentarios críticos.

Las ediciones tienen como apoyo un libro de estilo con todo tipo de referencias sobre los criterios de tratamiento tipográfico aplicados a nuestros libros que puede ser consultado en Linkgua-ediciones.com.

Linkgua edita por encargo diferentes versiones de una misma obra con distintos tratamientos ortotipográficos (actualizaciones de carácter divulgativo de un clásico, o versiones estrictamente fieles a la edición original de referencia).

Este servicio de ediciones a la carta le permitirá, si usted se dedica a la enseñanza, tener una forma de hacer pública su interpretación de un texto y, sobre una versión digitalizada «base», usted podrá introducir interpretaciones del texto fuente. Es un tópico que los profesores denuncien en clase los desmanes de una edición, o vayan comentando errores de interpretación de un texto y esta es una solución útil a esa necesidad del mundo académico.

Asimismo publicamos de manera sistemática, en un mismo catálogo, tesis doctorales y actas de congresos académicos, que son distribuidas a través de nuestra Web.

El servicio de «Libros a la carta» funciona de dos formas.

1. Tenemos un fondo de libros digitalizados que usted puede personalizar en tiradas de al menos cinco ejemplares. Estas personalizaciones pueden ser de todo tipo: añadir notas de clase para uso de un grupo de estudiantes, introducir logos corporativos para uso con fines de marketing empresarial, etc. etc.

2. Buscamos libros descatalogados de otras editoriales y los reeditamos en tiradas cortas a petición de un cliente.